Νεφέλαι - Λυσιστράτη

Clouds and Lysistrata

Ἀριστοφάνης

Aristophanes

Frogs and Wasps
Copyright 2013 © Jiahu Books
First Published in Great Britain in 2013 by Jiahu Books – part of Richardson-Prachai Solutions Ltd, Egerton Gate, Milton Keynes, MK5 7HH
ISBN: 978-1-909669-95-6
Conditions of sale
All rights reserved. You must not circulate this book in any other binding or cover and you must impose the same condition on any acquirer.
A CIP catalogue record for this book is available from the British Library.
Visit us at: **jiahubooks.co.uk**

Νεφέλαι 5

Λυσιστράτη 75

Νεφέλαι

ΣΤΡΕΨΙΑΔΗΣ
Ἰοὺ ἰού·
ὦ Ζεῦ βασιλεῦ, τὸ χρῆμα τῶν νυκτῶν ὅσον·
ἀπέραντον. Οὐδέποθ' ἡμέρα γενήσεται ;
Καὶ μὴν πάλαι γ' ἀλεκτρυόνος ἤκουσ' ἐγώ.
Οἱ δ' οἰκέται ῥέγκουσιν. Ἀλλ' οὐκ ἂν πρὸ τοῦ.
Ἀπόλοιο δῆτ', ὦ πόλεμε, πολλῶν οὕνεκα,
ὅτ' οὐδὲ κολάσ' ἔξεστί μοι τοὺς οἰκέτας.
Ἀλλ' οὐδ' ὁ χρηστὸς οὑτοσὶ νεανίας
ἐγείρεται τῆς νυκτός, ἀλλὰ πέρδεται
ἐν πέντε σισύραις ἐγκεκορδυλημένος.
Ἀλλ' εἰ δοκεῖ, ῥέγκωμεν ἐγκεκαλυμμένοι.
Ἀλλ' οὐ δύναμαι δείλαιος εὕδειν δακνόμενος
ὑπὸ τῆς δαπάνης καὶ τῆς φάτνης καὶ τῶν χρεῶν
διὰ τουτονὶ τὸν υἱόν. δὲ κόμην ἔχων
ἱππάζεταί τε καὶ ξυνωρικεύεται
ὀνειροπολεῖ θ' ἵππους. Ἐγὼ δ' ἀπόλλυμαι
ὁρῶν ἄγουσαν τὴν σελήνην εἰκάδας·
οἱ γὰρ τόκοι χωροῦσιν. Ἅπτε παῖ λύχνον
κἄκφερε τὸ γραμματεῖον, ἵν' ἀναγνῶ λαβὼν
ὁπόσοις ὀφείλω καὶ λογίσωμαι τοὺς τόκους.
Φέρ' ἴδω, τί ὀφείλω ; Δώδεκα μνᾶς Πασίᾳ.
Τοῦ δώδεκα μνᾶς Πασίᾳ ; Τί ἐχρησάμην ;
Ὅτ' ἐπριάμην τὸν κοππατίαν. Οἴμοι τάλας,
εἴθ' ἐξεκόπην πρότερον τὸν ὀφθαλμὸν λίθῳ.

ΦΕΙΔΙΠΠΙΔΗΣ
Φίλων, ἀδικεῖς. Ἔλαυνε τὸν σαυτοῦ δρόμον.

5

ΣΤΡΕΨΙΑΔΗΣ
Τοῦτ' ἐστὶ τουτὶ τὸ κακὸν ὅ μ' ἀπολώλεκεν·
ὀνειροπολεῖ γὰρ καὶ καθεύδων ἱππικήν.
ΦΕΙΔΙΠΠΙΔΗΣ
Πόσους δρόμους ἐλᾷ τὰ πολεμιστήρια ;
ΣΤΡΕΨΙΑΔΗΣ
Ἐμὲ μὲν σὺ πολλοὺς τὸν πατέρ' ἐλαύνεις δρόμους.
Ἀτὰρ τί χρέος ἔβα με μετὰ τὸν Πασίαν ;
Τρεῖς μναῖ διφρίσκου καὶ τροχοῖν Ἀμεινίᾳ.
ΦΕΙΔΙΠΠΙΔΗΣ
Ἄπαγε τὸν ἵππον ἐξαλίσας οἴκαδε.
ΣΤΡΕΨΙΑΔΗΣ
Ἀλλ' ὦ μέλ' ἐξήλικας ἐμέ γ' ἐκ τῶν ἐμῶν,
ὅτε καὶ δίκας ὤφληκα χἄτεροι τόκου
ἐνεχυράσεσθαί φασιν.
ΦΕΙΔΙΠΠΙΔΗΣ
Ἐτεόν, ὦ πάτερ,
τί δυσκολαίνεις καὶ στρέφει τὴν νύχθ' ὅλην ;
ΣΤΡΕΨΙΑΔΗΣ
Δάκνει μέ τις δήμαρχος ἐκ τῶν στρωμάτων.
ΦΕΙΔΙΠΠΙΔΗΣ
Ἔασον ὦ δαιμόνιε καταδαρθεῖν τί με.
ΣΤΡΕΨΙΑΔΗΣ
Σὺ δ' οὖν κάθευδε. Τὰ δὲ χρέα ταῦτ' ἴσθ' ὅτι
εἰς τὴν κεφαλὴν ἅπαντα τὴν σὴν τρέψεται.
Φεῦ.
Εἴθ' ὤφελ' ἡ προμνήστρι' ἀπολέσθαι κακῶς
ἥτις με γῆμ' ἐπῆρε τὴν σὴν μητέρα·
ἐμοὶ γὰρ ἦν ἄγροικος ἥδιστος βίος,
εὐρωτιῶν, ἀκόρητος, εἰκῇ κείμενος,
βρύων μελίτταις καὶ προβάτοις καὶ στεμφύλοις.
Ἔπειτ' ἔγημα Μεγακλέους τοῦ Μεγακλέους
ἀδελφιδῆν ἄγροικος ὢν ἐξ ἄστεως,
σεμνήν, τρυφῶσαν, ἐγκεκοισυρωμένην.

Ταύτην ὅτ' ἐγάμουν, συγκατεκλινόμην ἐγὼ 50
ὄζων τρυγός, τρασιᾶς, ἐρίων, περιουσίας,
ἡ δ' αὖ μύρου, κρόκου, καταγλωττισμάτων,
δαπάνης, λαφυγμοῦ, Κωλιάδος, Γενετυλλίδος.
Οὐ μὴν ἐρῶ γ' ὡς ἀργὸς ἦν, ἀλλ' ἐσπάθα,
ἐγὼ δ' ἂν αὐτῇ θοἰμάτιον δεικνὺς τοδὶ
πρόφασιν ἔφασκον· ὦ γύναι, λίαν σπαθᾷς.

ΟΙΚΕΤΗΣ
Ἔλαιον ἡμῖν οὐκ ἔνεστ' ἐν τῷ λύχνῳ.

ΣΤΡΕΨΙΑΔΗΣ
Οἴμοι. Τί γάρ μοι τὸν πότην ἧπτες λύχνον ;
Δεῦρ' ἔλθ' ἵνα κλάῃς.

ΟΙΚΕΤΗΣ
Διὰ τί δῆτα κλαύσομαι ;

ΣΤΡΕΨΙΑΔΗΣ
Ὅτι τῶν παχειῶν ἐνετίθεις θρυαλλίδων.
Μετὰ ταῦθ', ὅπως νῷν ἐγένεθ' υἱὸς οὑτοσί,
ἐμοί τε δὴ καὶ τῇ γυναικὶ τἀγαθῇ,
περὶ τοὐνόματος δὴ 'ντεῦθεν ἐλοιδορούμεθα.
ἡ μὲν γὰρ ἵππον προσετίθει πρὸς τοὔνομα,
Ξάνθιππον ἢ Χάριππον ἢ Καλλιππίδην,
ἐγὼ δὲ τοῦ πάππου 'τιθέμην Φειδωνίδην.
Τέως μὲν οὖν ἐκρινόμεθ'· εἶτα τῷ χρόνῳ
κοινῇ ξυνέβημεν κἀθέμεθα Φειδιππίδην.
Τοῦτον τὸν υἱὸν λαμβάνουσ' ἐκορίζετο·
ὅταν σὺ μέγας ὢν ἅρμ' ἐλαύνῃς πρὸς πόλιν,
ὥσπερ Μεγακλέης, ξυστίδ' ἔχων· ἐγὼ δ' ἔφην·
ὅταν μὲν οὖν τὰς αἶγας ἐκ τοῦ φελλέως,
ὥσπερ ὁ πατήρ σου, διφθέραν ἐνημμένος.
Ἀλλ' οὐκ ἐπείθετο τοῖς ἐμοῖς οὐδὲν λόγοις,
ἀλλ' ἵππερόν μου κατέχεεν τῶν χρημάτων.
Νῦν οὖν ὅλην τὴν νύκτα φροντίζων ὁδοῦ
μίαν ηὗρον ἀτραπὸν δαιμονίως ὑπερφυᾶ,
ἣν ἢν ἀναπείσω τουτονί, σωθήσομαι.

Ἀλλ' ἐξεγεῖραι πρῶτον αὐτὸν βούλομαι.
Πῶς δῆτ' ἂν ἥδιστ' αὐτὸν ἐπεγείραιμι ; Πῶς ;
Φειδιππίδη, Φειδιππίδιον.

ΦΕΙΔΙΠΠΙΔΗΣ
Τί, ὦ πάτερ ;

ΣΤΡΕΨΙΑΔΗΣ
Κύσον με καὶ τὴν χεῖρα δὸς τὴν δεξιάν.

ΦΕΙΔΙΠΠΙΔΗΣ
ἰδού. Τί ἔστιν ;

ΣΤΡΕΨΙΑΔΗΣ
Εἰπέ μοι, φιλεῖς ἐμέ ;

ΦΕΙΔΙΠΠΙΔΗΣ
Νὴ τὸν Ποσειδῶ τουτονὶ τὸν ἵππιον.

ΣΤΡΕΨΙΑΔΗΣ
Μή μοι γε τοῦτον μηδαμῶς τὸν ἵππιον·
οὗτος γὰρ ὁ θεὸς αἴτιός μοι τῶν κακῶν.
Ἀλλ' εἴπερ ἐκ τῆς καρδίας μ' ὄντως φιλεῖς,
ὦ παῖ, πιθοῦ.

ΦΕΙΔΙΠΠΙΔΗΣ
Τί οὖν πίθωμαι δῆτά σοι ;

ΣΤΡΕΨΙΑΔΗΣ
Ἔκτρεψον ὡς τάχιστα τοὺς σαυτοῦ τρόπους
καὶ μάνθαν' ἐλθὼν ἃν ἐγὼ παραινέσω.

ΦΕΙΔΙΠΠΙΔΗΣ
Λέγε δή, τί κελεύεις ;

ΣΤΡΕΨΙΑΔΗΣ
Καί τι πείσει ;

ΦΕΙΔΙΠΠΙΔΗΣ
Πείσομαι, νὴ τὸν Διόνυσον.

ΣΤΡΕΨΙΑΔΗΣ
Δεῦρό νυν ἀπόβλεπε.
Ὁρᾷς τὸ θύριον τοῦτο καὶ τοἰκίδιον ;

ΦΕΙΔΙΠΠΙΔΗΣ
Ὁρῶ. Τί οὖν τοῦτ' ἐστὶν ἐτεόν, ὦ πάτερ ;

ΣΤΡΕΨΙΑΔΗΣ
Ψυχῶν σοφῶν τοῦτ' ἐστὶ φροντιστήριον.
Ἐνταῦθ' ἐνοικοῦσ' ἄνδρες οἳ τὸν οὐρανὸν
λέγοντες ἀναπείθουσιν ὡς ἔστιν πνιγεύς,
κἄστιν περὶ ἡμᾶς οὗτος, ἡμεῖς δ' ἄνθρακες.
Οὗτοι διδάσκουσ', ἀργύριον ἤν τις διδῷ,
λέγοντα νικᾶν καὶ δίκαια κἄδικα. 100
ΦΕΙΔΙΠΠΙΔΗΣ
Εἰσὶν δὲ τίνες ;
ΣΤΡΕΨΙΑΔΗΣ
Οὐκ οἶδ' ἀκριβῶς τοὔνομα.
Μεριμνοφροντισταὶ καλοί τε κἀγαθοί.
ΦΕΙΔΙΠΠΙΔΗΣ
Αἰβοῖ, πονηροί γ', οἶδα. Τοὺς ἀλαζόνας,
τοὺς ὠχριῶντας, τοὺς ἀνυποδήτους λέγεις,
ὧν ὁ κακοδαίμων Σωκράτης καὶ Χαιρεφῶν.
ΣΤΡΕΨΙΑΔΗΣ
Ἤ ἤ, σιώπα. Μηδὲν εἴπῃς νήπιον.
Ἀλλ' εἴ τι κήδει τῶν πατρῴων ἀλφίτων,
τούτων γενοῦ μοι, σχασάμενος τὴν ἱππικήν.
ΦΕΙΔΙΠΠΙΔΗΣ
Οὐκ ἂν μὰ τὸν Διόνυσον εἰ δοίης γέ μοι
τοὺς Φασιανοὺς οὓς τρέφει Λεωγόρας.
ΣΤΡΕΨΙΑΔΗΣ
Ἴθ', ἀντιβολῶ σ', ὦ φίλτατ' ἀνθρώπων ἐμοί,
ἐλθὼν διδάσκου.
ΦΕΙΔΙΠΠΙΔΗΣ
Καὶ τί σοι μαθήσομαι ;
ΣΤΡΕΨΙΑΔΗΣ
Εἶναι παρ' αὐτοῖς φασὶν ἄμφω τὼ λόγω,
τὸν κρείττον', ὅστις ἐστί, καὶ τὸν ἥττονα.
Τούτοιν τὸν ἕτερον τοῖν λόγοιν, τὸν ἥττονα,
νικᾶν λέγοντά φασι τἀδικώτερα.
Ἢν οὖν μάθῃς μοι τὸν ἄδικον τοῦτον λόγον,

ἃ νῦν ὀφείλω διὰ σέ, τούτων τῶν χρεῶν
οὐκ ἂν ἀποδοίην οὐδ' ἂν ὀβολὸν οὐδενί.
ΦΕΙΔΙΠΠΙΔΗΣ
Οὐκ ἂν πιθοίμην· οὐ γὰρ ἂν τλαίην ἰδεῖν
τοὺς ἱππέας τὸ χρῶμα διακεκναισμένος.
ΣΤΡΕΨΙΑΔΗΣ
Οὐκ ἄρα μὰ τὴν Δήμητρα τῶν γ' ἐμῶν ἔδει
οὔτ' αὐτὸς οὔθ' ὁ ζύγιος οὔθ' ὁ σαμφόρας,
ἀλλ' ἐξελῶ σ' εἰς κόρακας ἐκ τῆς οἰκίας.
ΦΕΙΔΙΠΠΙΔΗΣ
Ἀλλ' οὐ περιόψεταί μ' ὁ θεῖος Μεγακλέης
ἄνιππον. Ἀλλ' εἴσειμι, σοῦ δ' οὐ φροντιῶ.
ΣΤΡΕΨΙΑΔΗΣ
Ἀλλ' οὐδ' ἐγὼ μέντοι πεσών γε κείσομαι,
ἀλλ' εὐξάμενος τοῖσιν θεοῖς διδάξομαι
αὐτὸς βαδίζων εἰς τὸ φροντιστήριον.
Πῶς οὖν γέρων ὢν κἀπιλήσμων καὶ βραδὺς
λόγων ἀκριβῶν σκινδαλάμους μαθήσομαι ;
Ἰτητέον. Τί ταῦτ' ἔχων στραγγεύομαι
ἀλλ' οὐχὶ κόπτω τὴν θύραν ; Παῖ, παιδίον.
ΜΑΘΗΤΗΣ
Βάλλ' εἰς κόρακας. Τίς ἔσθ' ὁ κόψας τὴν θύραν ;
ΣΤΡΕΨΙΑΔΗΣ
Φείδωνος υἱὸς Στρεψιάδης Κικυννόθεν.
ΜΑΘΗΤΗΣ
Ἀμαθής γε νὴ Δί', ὅστις οὑτωσὶ σφόδρα
ἀπεριμερίμνως τὴν θύραν λελάκτικας
καὶ φροντίδ' ἐξήμβλωκας ἐξηυρημένην.
ΣΤΡΕΨΙΑΔΗΣ
Σύγγνωθί μοι· τηλοῦ γὰρ οἰκῶν τῶν ἀγρῶν.
Ἀλλ' εἰπέ μοι τὸ πρᾶγμα τοὔξημβλωμένον.
ΜΑΘΗΤΗΣ
Ἀλλ' οὐ θέμις πλὴν τοῖς μαθηταῖσιν λέγειν.
ΣΤΡΕΨΙΑΔΗΣ

Λέγε νυν ἐμοὶ θαρρῶν· ἐγὼ γὰρ οὑτοσὶ
ἥκω μαθητὴς εἰς τὸ φροντιστήριον.
ΜΑΘΗΤΗΣ
Λέξω, νομίσαι δὲ ταῦτα χρὴ μυστήρια.
Ἀνήρετ' ἄρτι Χαιρεφῶντα Σωκράτης
ψύλλαν ὁπόσους ἄλλοιτο τοὺς αὑτῆς πόδας.
Δακοῦσα γὰρ τοῦ Χαιρεφῶντος τὴν ὀφρῦν
ἐπὶ τὴν κεφαλὴν τὴν Σωκράτους ἀφήλατο.
ΣΤΡΕΨΙΑΔΗΣ
Πῶς δῆτα διεμέτρησε ;
ΜΑΘΗΤΗΣ
Δεξιώτατα.
Κηρὸν διατήξας, εἶτα τὴν ψύλλαν λαβὼν 150
ἐνέβαψεν εἰς τὸν κηρὸν αὐτῆς τὼ πόδε,
κᾆτα ψυχείσῃ περιέφυσαν Περσικαί.
Ταύτας ὑπολύσας ἀνεμέτρει τὸ χωρίον.
ΣΤΡΕΨΙΑΔΗΣ
Ὦ Ζεῦ βασιλεῦ, τῆς λεπτότητος τῶν φρενῶν.
ΜΑΘΗΤΗΣ
Τί δῆτ' ἄν, ἕτερον εἰ πύθοιο Σωκράτους φρόντισμα ;
ΣΤΡΕΨΙΑΔΗΣ
Ποῖον ; Ἀντιβολῶ, κάτειπέ μοι.
ΜΑΘΗΤΗΣ
Ἀνήρετ' αὐτὸν Χαιρεφῶν ὁ Σφήττιος
ὁπότερα τὴν γνώμην ἔχοι, τὰς ἐμπίδας
κατὰ τὸ στόμ' ᾄδειν ἢ κατὰ τοὐρροπύγιον.
ΣΤΡΕΨΙΑΔΗΣ
Τί δῆτ' ἐκεῖνος εἶπε περὶ τῆς ἐμπίδος ;
ΜΑΘΗΤΗΣ
Ἔφασκεν εἶναι τοὔντερον τῆς ἐμπίδος
στενόν, διὰ λεπτοῦ δ' ὄντος αὐτοῦ τὴν πνοὴν
βίᾳ βαδίζειν εὐθὺ τοὐρροπυγίου·
ἔπειτα κοῖλον πρὸς στενῷ προσκείμενον
τὸν πρωκτὸν ἠχεῖν ὑπὸ βίας τοῦ πνεύματος.

ΣΤΡΕΨΙΑΔΗΣ
Σάλπιγξ ὁ πρωκτός ἐστιν ἄρα τῶν ἐμπίδων.
Ὦ τρισμακάριος τοῦ διεντερεύματος.
Ἦ ῥᾳδίως φεύγων ἂν ἀποφύγοι δίκην
ὅστις δίοιδε τοὔντερον τῆς ἐμπίδος.
ΜΑΘΗΤΗΣ
Πρῴην δέ γε γνώμην μεγάλην ἀφῃρέθη
ὑπ' ἀσκαλαβώτου.
ΣΤΡΕΨΙΑΔΗΣ
Τίνα τρόπον ; Κάτειπέ μοι.
ΜΑΘΗΤΗΣ
Ζητοῦντος αὐτοῦ τῆς σελήνης τὰς ὁδοὺς
καὶ τὰς περιφοράς, εἶτ' ἄνω κεχηνότος
ἀπὸ τῆς ὀροφῆς νύκτωρ γαλεώτης κατέχεσεν.
ΣΤΡΕΨΙΑΔΗΣ
Ἥσθην γαλεώτῃ καταχέσαντι Σωκράτους.
ΜΑΘΗΤΗΣ
Ἐχθὲς δέ γ' ἡμῖν δεῖπνον οὐκ ἦν ἑσπέρας.
ΣΤΡΕΨΙΑΔΗΣ
Εἶἑν. Τί οὖν πρὸς τἄλφιτ' ἐπαλαμήσατο ;
ΜΑΘΗΤΗΣ
Κατὰ τῆς τραπέζης καταπάσας λεπτὴν τέφραν,
κάμψας ὀβελίσκον, εἶτα διαβήτην λαβών,
ἐκ τῆς παλαίστρας θοἰμάτιον ὑφείλετο.
ΣΤΡΕΨΙΑΔΗΣ
Τί δῆτ' ἐκεῖνον τὸν Θαλῆν θαυμάζομεν ;
Ἄνοιγ' ἄνοιγ' ἀνύσας τὸ φροντιστήριον
καὶ δεῖξον ὡς τάχιστά μοι τὸν Σωκράτη.
Μαθητιῶ γάρ. Ἀλλ' ἄνοιγε τὴν θύραν.
Ὦ Ἡράκλεις, ταυτὶ ποδαπὰ τὰ θηρία ;
ΜΑΘΗΤΗΣ
Τί ἐθαύμασας ; Τῷ σοι δοκοῦσιν εἰκέναι ;
ΣΤΡΕΨΙΑΔΗΣ
Τοῖς ἐκ Πύλου ληφθεῖσι, τοῖς Λακωνικοῖς.

Ἀτὰρ τί ποτ' εἰς τὴν γῆν βλέπουσιν οὗτοι ;
ΜΑΘΗΤΗΣ
Ζητοῦσιν οὗτοι τὰ κατὰ γῆς.
ΣΤΡΕΨΙΑΔΗΣ
Βολβοὺς ἄρα
ζητοῦσι. Μή νυν τοῦτό γ' ἔτι φροντίζετε·
ἐγὼ γὰρ οἶδ' ἵν' εἰσὶ μεγάλοι καὶ καλοί.
Τί γὰρ οἶδε δρῶσιν οἱ σφόδρ' ἐγκεκυφότες ;
ΜΑΘΗΤΗΣ
Οὗτοι δ' ἐρεβοδιφῶσιν ὑπὸ τὸν Τάρταρον.
ΣΤΡΕΨΙΑΔΗΣ
Τί δῆθ' ὁ πρωκτὸς εἰς τὸν οὐρανὸν βλέπει ;
ΜΑΘΗΤΗΣ
Αὐτὸς καθ' αὑτὸν ἀστρονομεῖν διδάσκεται.
Ἀλλ' εἴσιθ', ἵνα μὴ 'κεῖνος ὑμῖν ἐπιτύχῃ.
ΣΤΡΕΨΙΑΔΗΣ
Μήπω γε μήπω γ', ἀλλ' ἐπιμεινάντων, ἵνα
αὐτοῖσι κοινώσω τι πραγμάτιον ἐμόν.
ΜΑΘΗΤΗΣ
Ἀλλ' οὐχ οἷόν τ' αὐτοῖσι πρὸς τὸν ἀέρα
ἔξω διατρίβειν πολὺν ἄγαν ἐστὶν χρόνον. 200
ΣΤΡΕΨΙΑΔΗΣ
Πρὸς τῶν θεῶν, τί γὰρ τάδ' ἐστίν ; Εἰπέ μοι.
ΜΑΘΗΤΗΣ
Ἀστρονομία μὲν αὐτηί.
ΣΤΡΕΨΙΑΔΗΣ
Τουτὶ δὲ τί ;
ΜΑΘΗΤΗΣ
Γεωμετρία.
ΣΤΡΕΨΙΑΔΗΣ
Τοῦτ' οὖν τί ἐστι χρήσιμον ;
ΜΑΘΗΤΗΣ
Γῆν ἀναμετρεῖσθαι.

ΣΤΡΕΨΙΑΔΗΣ
Πότερα τὴν κληρουχικήν ;
ΜΑΘΗΤΗΣ
Οὔκ, ἀλλὰ τὴν σύμπασαν.
ΣΤΡΕΨΙΑΔΗΣ
ἀστεῖον λέγεις·
τὸ γὰρ σόφισμα δημοτικὸν καὶ χρήσιμον.
ΜΑΘΗΤΗΣ
Αὕτη δέ σοι γῆς περίοδος πάσης. Ὁρᾷς ;
Αἵδε μὲν Ἀθῆναι.
ΣΤΡΕΨΙΑΔΗΣ
Τί σὺ λέγεις ; Οὐ πείθομαι,
ἐπεὶ δικαστὰς οὐχ ὁρῶ καθημένους.
ΜΑΘΗΤΗΣ
Ὡς τοῦτ' ἀληθῶς Ἀττικὸν τὸ χωρίον.
ΣΤΡΕΨΙΑΔΗΣ
Καὶ ποῦ Κικυννῆς εἰσίν, οὑμοὶ δημόται ;
ΜΑΘΗΤΗΣ
Ἐνταῦθ' ἔνεισιν. Ἡ δέ γ' Εὔβοι', ὡς ὁρᾷς,
ἡδὶ παρατέταται μακρὰ πόρρω πάνυ.
ΣΤΡΕΨΙΑΔΗΣ
Οἶδ'· ὑπὸ γὰρ ἡμῶν παρετάθη καὶ Περικλέους.
Ἀλλ' ἡ Λακεδαίμων ποῦ 'στίν ;
ΜΑΘΗΤΗΣ
Ὅπου 'στίν ; Αὐτηί.
ΣΤΡΕΨΙΑΔΗΣ
Ὡς ἐγγὺς ἡμῶν. Τοῦτο μεταφροντίζετε,
ταύτην ἀφ' ἡμῶν ἀπαγαγεῖν πόρρω πάνυ.
ΜΑΘΗΤΗΣ
ἀλλ' οὐχ οἷόν τε.
ΣΤΡΕΨΙΑΔΗΣ
Νὴ Δί', οἰμώξεσθ' ἄρα.
Φέρε τίς γὰρ οὗτος οὑπὶ τῆς κρεμάθρας ἀνήρ ;

ΜΑΘΗΤΗΣ
Αὐτός.
ΣΤΡΕΨΙΑΔΗΣ
Τίς αὐτός;
ΜΑΘΗΤΗΣ
Σωκράτης.
ΣΤΡΕΨΙΑΔΗΣ
Ὦ Σωκράτης.
ἴθ' οὗτος ἀναβόησον αὐτόν μοι μέγα.
ΜΑΘΗΤΗΣ
Αὐτὸς μὲν οὖν σὺ κάλεσον· οὐ γάρ μοι σχολή.
ΣΤΡΕΨΙΑΔΗΣ
Ὦ Σώκρατες, ὦ Σωκρατίδιον.
ΣΩΚΡΑΤΗΣ
Τί με καλεῖς, ὦφήμερε;
ΣΤΡΕΨΙΑΔΗΣ
Πρῶτον μὲν ὅ τι δρᾷς, ἀντιβολῶ, κάτειπέ μοι.
ΣΩΚΡΑΤΗΣ
Ἀεροβατῶ καὶ περιφρονῶ τὸν ἥλιον.
ΣΤΡΕΨΙΑΔΗΣ
Ἔπειτ' ἀπὸ ταρροῦ τοὺς θεοὺς ὑπερφρονεῖς,
ἀλλ' οὐκ ἀπὸ τῆς γῆς, εἴπερ;
ΣΩΚΡΑΤΗΣ
Οὐ γὰρ ἄν ποτε
ἐξηῦρον ὀρθῶς τὰ μετέωρα πράγματα
εἰ μὴ κρεμάσας τὸ νόημα καὶ τὴν φροντίδα,
λεπτὴν καταμείξας εἰς τὸν ὅμοιον ἀέρα.
Εἰ δ' ὢν χαμαὶ τἄνω κάτωθεν ἐσκόπουν,
οὐκ ἄν ποθ' ηὗρον· οὐ γὰρ ἀλλ' ἡ γῆ βίᾳ
ἕλκει πρὸς αὑτὴν τὴν ἰκμάδα τῆς φροντίδος.
Πάσχει δὲ ταὐτὸ τοῦτο καὶ τὰ κάρδαμα.
ΣΤΡΕΨΙΑΔΗΣ
Τί φής;
Ἡ φροντὶς ἕλκει τὴν ἰκμάδ' εἰς τὰ κάρδαμα;

Ἴθι νυν κατάβηθ', ὦ Σωκρατίδιον, ὡς ἐμέ,
ἵνα με διδάξῃς ὦνπερ ἕνεκ' ἐλήλυθα.
ΣΩΚΡΑΤΗΣ
Ἦλθες δὲ κατὰ τί ;
ΣΤΡΕΨΙΑΔΗΣ
Βουλόμενος μαθεῖν λέγειν·
ὑπὸ γὰρ τόκων χρήστων τε δυσκολωτάτων
ἄγομαι, φέρομαι, τὰ χρήματ' ἐνεχυράζομαι.
ΣΩΚΡΑΤΗΣ
Πόθεν δ' ὑπόχρεως σαυτὸν ἔλαθες γενόμενος ;
ΣΤΡΕΨΙΑΔΗΣ
Νόσος μ' ἐπέτριψεν ἱππική, δεινὴ φαγεῖν.
Ἀλλά με δίδαξον τὸν ἕτερον τοῖν σοῖν λόγοιν,
τὸν μηδὲν ἀποδιδόντα. Μισθὸν δ' ὄντιν' ἂν
πράττῃ μ', ὀμοῦμαί σοι καταθήσειν τοὺς θεούς.
ΣΩΚΡΑΤΗΣ
Ποίους θεοὺς ὀμεῖ σύ ; Πρῶτον γὰρ θεοὶ
ἡμῖν νόμισμ' οὐκ ἔστι.
ΣΤΡΕΨΙΑΔΗΣ
Τῷ γὰρ ὄμνυτε ;
Σιδαρέοισιν, ὥσπερ ἐν Βυζαντίῳ ; 250
ΣΩΚΡΑΤΗΣ
Βούλει τὰ θεῖα πράγματ' εἰδέναι σαφῶς
ἅττ' ἐστὶν ὀρθῶς ;
ΣΤΡΕΨΙΑΔΗΣ
Νὴ Δί', εἴπερ ἐστί γε.
ΣΩΚΡΑΤΗΣ
Καὶ συγγενέσθαι ταῖς Νεφέλαισιν εἰς λόγους,
ταῖς ἡμετέραισι δαίμοσιν ;
ΣΤΡΕΨΙΑΔΗΣ
Μάλιστά γε.
ΣΩΚΡΑΤΗΣ
Κάθιζε τοίνυν ἐπὶ τὸν ἱερὸν σκίμποδα.

ΣΤΡΕΨΙΑΔΗΣ
Ἰδού, κάθημαι.
ΣΩΚΡΑΤΗΣ
Τουτονὶ τοίνυν λαβὲ τὸν στέφανον.
ΣΤΡΕΨΙΑΔΗΣ
Ἐπὶ τί στέφανον ; Οἴμοι, Σώκρατες,
ὥσπερ με τὸν Ἀθάμανθ' ὅπως μὴ θύσετε.
ΣΩΚΡΑΤΗΣ
Οὔκ, ἀλλὰ ταῦτα πάντα τοὺς τελουμένους
ἡμεῖς ποιοῦμεν.
ΣΤΡΕΨΙΑΔΗΣ
Εἶτα δὴ τί κερδανῶ ;
ΣΩΚΡΑΤΗΣ
Λέγειν γενήσει τρῖμμα, κρόταλον, παιπάλη.
Ἀλλ' ἔχ' ἀτρεμεί.
ΣΤΡΕΨΙΑΔΗΣ
Μὰ τὸν Δί' οὐ ψεύσει γέ με·
καταπαττόμενος γὰρ παιπάλη γενήσομαι.
ΣΩΚΡΑΤΗΣ
Εὐφημεῖν χρὴ τὸν πρεσβύτην καὶ τῆς εὐχῆς ἐπακούειν.
Ὦ δέσποτ' ἄναξ, ἀμέτρητ' Ἀήρ, ὃς ἔχεις τὴν γῆν μετέωρον,
λαμπρός τ' Αἰθήρ, σεμναί τε θεαὶ Νεφέλαι βροντησικέραυνοι,
ἄρθητε, φάνητ', ὦ δέσποιναι, τῷ φροντιστῇ μετέωροι.
ΣΤΡΕΨΙΑΔΗΣ
Μήπω, μήπω γε, πρὶν ἂν τουτὶ πτύξωμαι, μὴ καταβρεχθῶ.
Τὸ δὲ μηδὲ κυνῆν οἴκοθεν ἐλθεῖν ἐμὲ τὸν κακοδαίμον'
ἔχοντα.
ΣΩΚΡΑΤΗΣ
Ἔλθετε δῆτ', ὦ πολυτίμητοι Νεφέλαι, τῷδ' εἰς ἐπίδειξιν·
εἴτ' ἐπ' Ὀλύμπου κορυφαῖς ἱεραῖς χιονοβλήτοισι
κάθησθε,

εἴτ' Ὠκεανοῦ πατρὸς ἐν κήποις ἱερὸν χορὸν ἵστατε
Νύμφαις,
εἴτ' ἄρα Νείλου προχοαῖς ὑδάτων χρυσέαις ἀρύτεσθε
πρόχοισιν,
ἢ Μαιῶτιν λίμνην ἔχετ' ἢ σκόπελον νιφόεντα Μίμαντος·
ὑπακούσατε δεξάμεναι θυσίαν καὶ τοῖς ἱεροῖσι χαρεῖσαι.
ΧΟΡΟΣ
Ἀέναοι Νεφέλαι,
ἀρθῶμεν φανεραὶ δροσερὰν φύσιν εὐάγητον
πατρὸς ἀπ' Ὠκεανοῦ βαρυαχέος
ὑψηλῶν ὀρέων κορυφὰς ἔπι
δενδροκόμους, ἵνα
τηλεφανεῖς σκοπιὰς ἀφορώμεθα
καρπούς τ' ἀρδομέναν ἱερὰν χθόνα
καὶ ποταμῶν ζαθέων κελαδήματα
καὶ πόντον κελάδοντα βαρύβρομον·
ὄμμα γὰρ αἰθέρος ἀκάματον σελαγεῖται
μαρμαρέαισιν αὐγαῖς.
Ἀλλ' ἀποσεισάμεναι νέφος ὄμβριον
ἀθανάτας ἰδέας ἐπιδώμεθα
τηλεσκόπῳ ὄμματι γαῖαν.
ΣΩΚΡΑΤΗΣ
Ὦ μέγα σεμναὶ Νεφέλαι, φανερῶς ἠκούσατέ μου
καλέσαντος.
Ἤισθου φωνῆς ἅμα καὶ βροντῆς μυκησαμένης
θεοσέπτου;
ΣΤΡΕΨΙΑΔΗΣ
Καὶ σέβομαί γ', ὦ πολυτίμητοι, καὶ βούλομαι
ἀνταποπαρδεῖν
πρὸς τὰς βροντάς· οὕτως αὐτὰς τετραμαίνω καὶ
πεφόβημαι.
Κεί θέμις ἐστίν, νυνί γ' ἤδη, κεί μὴ θέμις ἐστί, χεσείω.
ΣΩΚΡΑΤΗΣ
Οὐ μὴ σκώψει μηδὲ ποήσεις ἅπερ οἱ τρυγοδαίμονες

οὗτοι,
ἀλλ' εὐφήμει· μέγα γάρ τι θεῶν κινεῖται σμῆνος ἀοιδαῖς.
ΧΟΡΟΣ
Παρθένοι ὀμβροφόροι, 300
ἔλθωμεν λιπαρὰν χθόνα Παλλάδος, εὔανδρον γᾶν
Κέκροπος ὀψόμεναι πολυήρατον·
οὗ σέβας ἀρρήτων ἱερῶν, ἵνα
μυστοδόκος δόμος
ἐν τελεταῖς ἁγίαις ἀναδείκνυται·
οὐρανίοις τε θεοῖς δωρήματα,
ναοί θ' ὑψερεφεῖς καὶ ἀγάλματα,
καὶ πρόσοδοι μακάρων ἱερώταται
εὐστέφανοί τε θεῶν θυσίαι θαλίαι τε
παντοδαπαῖσιν ὥραις,
ἦρί τ' ἐπερχομένῳ Βρομία χάρις
εὐκελάδων τε χορῶν ἐρεθίσματα
καὶ μοῦσα βαρύβρομος αὐλῶν.
ΣΤΡΕΨΙΑΔΗΣ
Πρὸς τοῦ Διός, ἀντιβολῶ σε, φράσον, τίνες εἴσ', ὦ
Σώκρατες,
αὗται
αἱ φθεγξάμεναι τοῦτο τὸ σεμνόν ; Μῶν ἡρῷναί τινές
εἰσιν ;
ΣΩΚΡΑΤΗΣ
Ἥκιστ', ἀλλ' οὐράνιαι Νεφέλαι, μεγάλαι θεαὶ ἀνδράσιν
ἀργοῖς,
αἵπερ γνώμην καὶ διάλεξιν καὶ νοῦν ἡμῖν παρέχουσιν
καὶ τερατείαν καὶ περίλεξιν καὶ κροῦσιν καὶ κατάληψιν.
ΣΤΡΕΨΙΑΔΗΣ
Ταῦτ' ἄρ' ἀκούσασ' αὐτῶν τὸ φθέγμ' ἡ ψυχή μου
πεπότηται
καὶ λεπτολογεῖν ἤδη ζητεῖ καὶ περὶ καπνοῦ
στενολεσχεῖν
καὶ γνωμιδίῳ γνώμην νύξασ' ἑτέρῳ λόγῳ ἀντιλογῆσαι·

ὥστ' εἴ πως ἐστίν, ἰδεῖν αὐτὰς ἤδη φανερῶς ἐπιθυμῶ.
ΣΩΚΡΑΤΗΣ
Βλέπε νυν δευρὶ πρὸς τὴν Πάρνηθ'· ἤδη γὰρ ὁρῶ κατιούσας
ἡσυχῇ αὐτάς.
ΣΤΡΕΨΙΑΔΗΣ
Φέρε ποῦ ; Δεῖξον.
ΣΩΚΡΑΤΗΣ
Χωροῦσ' αὗται πάνυ πολλαὶ
διὰ τῶν κοίλων καὶ τῶν δασέων, αὗται πλάγιαι.
ΣΤΡΕΨΙΑΔΗΣ
Τί τὸ χρῆμα ;
Ὡς οὐ καθορῶ.
ΣΩΚΡΑΤΗΣ
Παρὰ τὴν εἴσοδον.
ΣΤΡΕΨΙΑΔΗΣ
Ἤδη νυνὶ μόλις οὕτως.
ΣΩΚΡΑΤΗΣ
Νῦν γέ τοι ἤδη καθορᾷς αὐτάς, εἰ μὴ λημᾷς κολοκύνταις.
ΣΤΡΕΨΙΑΔΗΣ
Νὴ Δί' ἔγωγ'. Ὁ πολυτίμητοι· πάντα γὰρ ἤδη κατέχουσιν.
ΣΩΚΡΑΤΗΣ
Ταύτας μέντοι σὺ θεὰς οὔσας οὐκ ᾔδεις οὐδ' ἐνόμιζες ;
ΣΤΡΕΨΙΑΔΗΣ
Μὰ Δί', ἀλλ' ὀμίχλην καὶ δρόσον αὐτὰς ἡγούμην καὶ καπνὸν
εἶναι.
ΣΩΚΡΑΤΗΣ
Οὐ γὰρ μὰ Δί' οἶσθ' ὁτιὴ πλείστους αὗται βόσκουσι σοφιστάς,
Θουριομάντεις, ἰατροτέχνας,
σφραγιδονυχαργοκομήτας·
κυκλίων τε χορῶν ᾀσματοκάμπτας, ἄνδρας

μετεωροφένακας,
οὐδὲν δρῶντας βόσκουσ' ἀργούς, ὅτι ταύτας
μουσοποοῦσιν.
ΣΤΡΕΨΙΑΔΗΣ
Ταῦτ' ἄρ' ἐποίουν ὑγρᾶν Νεφελᾶν στρεπταίγλαν δάϊον
ὁρμάν,
πλοκάμους θ' ἑκατογκεφάλα Τυφῶ πρημαινούσας τε
θυέλλας,
εἶτ' ἀερίας διεράς γαμψούς τ' οἰωνοὺς ἀερονηχεῖς
ὄμβρους θ' ὑδάτων δροσερᾶν νεφελᾶν· εἶτ' ἀντ' αὐτῶν
κατέπινον
κεστρᾶν τεμάχη μεγαλᾶν ἀγαθᾶν κρέα τ' ὀρνίθεια
κιχηλᾶν.
ΣΩΚΡΑΤΗΣ
Διὰ μέντοι τάσδ'. Οὐχὶ δικαίως ;
ΣΤΡΕΨΙΑΔΗΣ
Λέξον δή μοι, τί παθοῦσαι,
εἴπερ νεφέλαι γ' εἰσὶν ἀληθῶς, θνηταῖς εἴξασι γυναιξίν ;
Οὐ γὰρ ἐκεῖναί γ' εἰσὶ τοιαῦται.
ΣΩΚΡΑΤΗΣ
Φέρε, ποῖαι γάρ τινές εἰσιν ;
ΣΤΡΕΨΙΑΔΗΣ
Οὐκ οἶδα σαφῶς· εἴξασιν δ' οὖν ἐρίοισιν πεπταμένοισιν,
κοὐχὶ γυναιξίν, μὰ Δί', οὐδ' ὁτιοῦν· αὗται δὲ ῥῖνας
ἔχουσιν.
ΣΩΚΡΑΤΗΣ
Ἀπόκριναί νυν ἅττ' ἂν ἔρωμαι.
ΣΤΡΕΨΙΑΔΗΣ
Λέγε νυν ταχέως ὅτι βούλει.
ΣΩΚΡΑΤΗΣ
Ἤδη ποτ' ἀναβλέψας εἶδες νεφέλην κενταύρῳ ὁμοίαν
ἢ παρδάλει ἢ λύκῳ ἢ ταύρῳ ;
ΣΤΡΕΨΙΑΔΗΣ
Νὴ Δί' ἔγωγ'. Εἶτα τί τοῦτο ;

ΣΩΚΡΑΤΗΣ
Γίγνονται πάνθ' ὅτι βούλονται· κᾆτ' ἢν μὲν ἴδωσι κομήτην
ἄγριόν τινα τῶν λασίων τούτων, οἷόνπερ τὸν Ξενοφάντου,
σκώπτουσαι τὴν μανίαν αὐτοῦ κενταύροις ᾔκασαν αὐτάς. 350
ΣΤΡΕΨΙΑΔΗΣ
Τί γὰρ ἢν ἅρπαγα τῶν δημοσίων κατίδωσι Σίμωνα, τί δρῶσιν;
ΣΩΚΡΑΤΗΣ
Ἀποφαίνουσαι τὴν φύσιν αὐτοῦ λύκοι ἐξαίφνης ἐγένοντο.
ΣΤΡΕΨΙΑΔΗΣ
Ταῦτ' ἄρα, ταῦτα Κλεώνυμον αὗται τὸν ῥίψασπιν χθὲς ἰδοῦσαι,
ὅτι δειλότατον τοῦτον ἑώρων, ἔλαφοι διὰ τοῦτ' ἐγένοντο.
ΣΩΚΡΑΤΗΣ
Καὶ νῦν γ' ὅτι Κλεισθένη εἶδον, ὁρᾷς, διὰ τοῦτ' ἐγένοντο γυναῖκες.
ΣΤΡΕΨΙΑΔΗΣ
Χαίρετε τοίνυν, ὦ δέσποιναι· καὶ νῦν, εἴπερ τινὶ κἄλλῳ,
οὐρανομήκη ῥήξατε κἀμοὶ φωνήν, ὦ παμβασίλειαι.
ΧΟΡΟΣ
Χαῖρ', ὦ πρεσβῦτα παλαιογενές, θηρατὰ λόγων φιλομούσων.
Σύ τε, λεπτοτάτων λήρων ἱερεῦ, φράζε πρὸς ἡμᾶς ὅτι χρῄζεις·
οὐ γὰρ ἂν ἄλλῳ γ' ὑπακούσαιμεν τῶν νῦν μετεωροσοφιστῶν
πλὴν ἢ Προδίκῳ, τῷ μὲν σοφίας καὶ γνώμης οὕνεκα, σοὶ δὲ
ὅτι βρενθύει τ' ἐν ταῖσιν ὁδοῖς καὶ τὠφθαλμὼ

παραβάλλεις
κάνυπόδητος κακὰ πόλλ' ἀνέχει κάφ' ἡμῖν
σεμνοπροσωπεῖς.
ΣΤΡΕΨΙΑΔΗΣ
Ὦ Γῆ, τοῦ φθέγματος, ὡς ἱερὸν καὶ σεμνὸν καὶ
τερατῶδες.
ΣΩΚΡΑΤΗΣ
Αὗται γάρ τοι μόναι εἰσὶ θεαί, τἄλλα δὲ πάντ' ἐστὶ
φλύαρος.
ΣΤΡΕΨΙΑΔΗΣ
Ὁ Ζεὺς δ' ὑμῖν, φέρε, πρὸς τῆς Γῆς, Οὐλύμπιος οὐ θεός
ἔστιν ;
ΣΩΚΡΑΤΗΣ
Ποῖος Ζεύς ; Οὐ μὴ ληρήσεις. Οὐδ' ἐστὶ Ζεύς.
ΣΤΡΕΨΙΑΔΗΣ
Τί λέγεις σύ ;
Ἀλλὰ τίς ὕει ; Τουτὶ γὰρ ἔμοιγ' ἀπόφηναι πρῶτον
ἁπάντων.
ΣΩΚΡΑΤΗΣ
Αὗται δήπου· μεγάλοις δέ σ' ἐγὼ σημείοις αὐτὸ διδάξω.
Φέρε, ποῦ γὰρ πώποτ' ἄνευ νεφελῶν ὕοντ' ἤδη
τεθέασαι ;
Καίτοι χρῆν αἰθρίας ὕειν αὐτόν, ταύτας δ' ἀποδημεῖν.
ΣΤΡΕΨΙΑΔΗΣ
Νὴ τὸν Ἀπόλλω, τοῦτό γε τοι τῷ νυνὶ λόγῳ εὖ
προσέφυσας.
Καίτοι πρότερον τὸν Δί' ἀληθῶς ᾤμην διὰ κοσκίνου
οὐρεῖν.
Ἀλλ' ὅστις ὁ βροντῶν ἐστὶ φράσον, τοῦθ' ὅ με ποιεῖ
τετρεμαίνειν.
ΣΩΚΡΑΤΗΣ
Αὗται βροντῶσι κυλινδόμεναι.
ΣΤΡΕΨΙΑΔΗΣ
Τῷ τρόπῳ, ὦ πάντα σὺ τολμῶν ;

ΣΩΚΡΑΤΗΣ
Ὅταν ἐμπλησθῶσ' ὕδατος πολλοῦ κἀναγκασθῶσι
φέρεσθαι
κατακριμνάμεναι πλήρεις ὄμβρου δι' ἀνάγκην, εἶτα
βαρεῖαι
εἰς ἀλλήλας ἐμπίπτουσαι ῥήγνυνται καὶ παταγοῦσιν.
ΣΤΡΕΨΙΑΔΗΣ
Ὁ δ' ἀναγκάζων ἐστὶ τίς αὐτάς οὐχ ὁ Ζεύς ; Ὥστε
φέρεσθαι ;
ΣΩΚΡΑΤΗΣ
Ἥκιστ', ἀλλ' αἰθέριος δῖνος.
ΣΤΡΕΨΙΑΔΗΣ
Δῖνος ; Τουτί μ' ἐλελήθει,
ὁ Ζεὺς οὐκ ὤν, ἀλλ' ἀντ' αὐτοῦ Δῖνος νυνὶ βασιλεύων.
Ἀτὰρ οὐδέν πω περὶ τοῦ πατάγου καὶ τῆς βροντῆς μ'
ἐδίδαξας.
ΣΩΚΡΑΤΗΣ
Οὐκ ἤκουσάς μου τὰς νεφέλας ὕδατος μεστὰς ὅτι φημὶ
ἐμπιπτούσας εἰς ἀλλήλας παταγεῖν διὰ τὴν πυκνότητα ;
ΣΤΡΕΨΙΑΔΗΣ
Φέρε, τουτὶ τῷ χρὴ πιστεύειν ;
ΣΩΚΡΑΤΗΣ
Ἀπὸ σαυτοῦ 'γώ σε διδάξω.
Ἤδη ζωμοῦ Παναθηναίοις ἐμπλησθεὶς εἶτ' ἐταράχθης
τὴν γαστέρα καὶ κλόνος ἐξαίφνης αὐτὴν
διεκορκορύγησεν ;
ΣΤΡΕΨΙΑΔΗΣ
Νὴ τὸν Ἀπόλλω, καὶ δεινὰ ποεῖ γ' εὐθύς μοι καὶ
τετάρακται,
χὤσπερ βροντὴ τὸ ζωμίδιον παταγεῖ καὶ δεινὰ
κέκραγεν,
ἀτρέμας πρῶτον, παππὰξ παππάξ, κἄπειτ' ἐπάγει
παπαπαππάξ·
χὤταν χέζω, κομιδῇ βροντᾷ, παπαπαππάξ, ὥσπερ

ἐκεῖναι.
ΣΩΚΡΑΤΗΣ
Σκέψαι τοίνυν ἀπὸ γαστριδίου τυννουτουὶ οἷα
πέπορδας·
τὸν δ' ἀέρα τόνδ' ὄντ' ἀπέραντον πῶς οὐκ εἰκὸς μέγα
βροντᾶν;
Ταῦτ' ἄρα καὶ τὠνόματ' ἀλλήλοιν, βροντὴ καὶ πορδή,
ὁμοίω.
ΣΤΡΕΨΙΑΔΗΣ
Ἀλλ' ὁ κεραυνὸς πόθεν αὖ φέρεται λάμπων πυρί, τοῦτο
δίδαξον,
καὶ καταφρύγει βάλλων ἡμᾶς, τοὺς δὲ ζῶντας
περιφλεύει.
Τοῦτον γὰρ δὴ φανερῶς ὁ Ζεὺς ἵησ' ἐπὶ τοὺς ἐπιόρκους.
ΣΩΚΡΑΤΗΣ
Καὶ πῶς, ὦ μῶρε σὺ καὶ Κρονίων ὄζων καὶ βεκκεσέληνε,
εἴπερ βάλλει τοὺς ἐπιόρκους, δῆτ' οὐχὶ Σίμων'
ἐνέπρησεν 400
οὐδὲ Κλεώνυμον οὐδὲ Θέωρον; Καίτοι σφόδρα γ' εἴσ'
ἐπίορκοι.
Ἀλλὰ τὸν αὑτοῦ γε νεὼν βάλλει καὶ Σούνιον, ἄκρον
Ἀθηνέων,
καὶ τὰς δρῦς τὰς μεγάλας, τί μαθών; Οὐ γὰρ δὴ δρῦς γ'
ἐπίορκεῖ.
ΣΤΡΕΨΙΑΔΗΣ
Οὐκ οἶδ'· ἀτὰρ εὖ σὺ λέγειν φαίνει. Τί γάρ ἐστιν δῆθ' ὁ
κεραυνός;
ΣΩΚΡΑΤΗΣ
Ὅταν εἰς ταύτας ἄνεμος ξηρὸς μετεωρισθεὶς
κατακλεισθῇ,
ἔνδοθεν αὐτὰς ὥσπερ κύστιν φυσᾷ, κἄπειθ' ὑπ'
ἀνάγκης
ῥήξας αὐτὰς ἔξω φέρεται σοβαρὸς διὰ τὴν πυκνότητα,
ὑπὸ τοῦ ῥοίβδου καὶ τῆς ῥύμης αὐτὸς ἑαυτὸν

κατακάων.
ΣΤΡΕΨΙΑΔΗΣ
Νὴ Δί' ἐγὼ γοῦν ἀτεχνῶς ἔπαθον τουτί ποτε Διασίοισιν.
ὀπτῶν γαστέρα τοῖς συγγένεσιν κᾆτ' οὐκ ἔσχων ἀμελήσας,
ἡ δ' ἄρ' ἐφυσᾶτ', εἶτ' ἐξαίφνης διαλακήσασα πρὸς αὐτὼ
τὠφθαλμώ μου προσετίλησεν καὶ κατέκαυσεν τὸ πρόσωπον.
ΧΟΡΟΣ
Ὦ τῆς μεγάλης ἐπιθυμήσας σοφίας ἄνθρωπε παρ'
ἡμῶν,
ὡς εὐδαίμων ἐν Ἀθηναίοις καὶ τοῖς Ἕλλησι γενήσει
εἰ μνήμων εἶ καὶ φροντιστὴς καὶ τὸ ταλαίπωρον ἔνεστιν
ἐν τῇ ψυχῇ καὶ μὴ κάμνεις μήθ' ἑστὼς μήτε βαδίζων
μήτε ῥιγῶν ἄχθει λίαν μήτ' ἀριστᾶν ἐπιθυμεῖς
οἴνου τ' ἀπέχει καὶ γυμνασίων καὶ τῶν ἄλλων ἀνοήτων
καὶ βέλτιστον τοῦτο νομίζεις, ὅπερ εἰκὸς δεξιὸν ἄνδρα,
νικᾶν πράττων καὶ βουλεύων καὶ τῇ γλώττῃ πολεμίζων.
ΣΤΡΕΨΙΑΔΗΣ
Ἀλλ' εἵνεκα γε ψυχῆς στερρᾶς δυσκολοκοίτου τε
μερίμνης
καὶ φειδωλοῦ καὶ τρυσιβίου γαστρὸς καὶ
θυμβρεπιδείπνου,
ἀμέλει, θαρρῶν εἵνεκα τούτων ἐπιχαλκεύειν παρέχοιμ'
ἄν.
ΣΩΚΡΑΤΗΣ
Ἄλλο τι δῆτ' οὐ νομιεῖς ἤδη θεὸν οὐδένα πλὴν ἅπερ
ἡμεῖς,
τὸ Χάος τουτὶ καὶ τὰς Νεφέλας καὶ τὴν Γλῶτταν, τρία
ταυτί;
ΣΤΡΕΨΙΑΔΗΣ
Οὐδ' ἂν διαλεχθείην γ' ἀτεχνῶς τοῖς ἄλλοις οὐδ' ἂν
ἀπαντῶν,
οὐδ' ἂν θύσαιμ' οὐδ' ἂν σπείσαιμ' οὐδ' ἐπιθείην

λιβανωτόν.

ΧΟΡΟΣ
Λέγε νυν ἡμῖν ὅτι σοι δρῶμεν θαρρῶν, ὡς οὐκ ἀτυχήσεις
ἡμᾶς τιμῶν καὶ θαυμάζων καὶ ζητῶν δεξιὸς εἶναι.

ΣΤΡΕΨΙΑΔΗΣ
Ὦ δέσποιναι, δέομαι τοίνυν ὑμῶν τουτὶ πάνυ μικρόν,
τῶν Ἑλλήνων εἶναί με λέγειν ἑκατὸν σταδίοισιν
ἄριστον.

ΧΟΡΟΣ
Ἀλλ' ἔσται σοι τοῦτο παρ' ἡμῶν, ὥστε τὸ λοιπόν γ' ἀπὸ
τουδὶ
ἐν τῷ δήμῳ γνώμας οὐδεὶς νικήσει πλείονας ἢ σύ.

ΣΤΡΕΨΙΑΔΗΣ
Μή μοι γε λέγειν γνώμας μεγάλας· οὐ γὰρ τούτων
ἐπιθυμῶ,
ἀλλ' ὅσ' ἐμαυτῷ στρεψοδικῆσαι καὶ τοὺς χρήστας
διολισθεῖν.

ΧΟΡΟΣ
Τεύξει τοίνυν ὧν ἱμείρεις· οὐ γὰρ μεγάλων ἐπιθυμεῖς.
Ἀλλὰ σεαυτὸν παράδος θαρρῶν τοῖς ἡμετέροις
προπόλοισιν.

ΣΤΡΕΨΙΑΔΗΣ
Δράσω ταῦθ' ὑμῖν πιστεύσας· ἡ γὰρ ἀνάγκη με πιέζει
διὰ τοὺς ἵππους τοὺς κοππατίας καὶ τὸν γάμον ὅς μ'
ἐπέτριψεν.
Νῦν οὖν {χρήσθων} ἀτεχνῶς ὅτι βούλονται
τουτὶ τό γ' ἐμὸν σῶμ' αὐτοῖσιν
παρέχω τύπτειν, πεινῆν, διψῆν,
αὐχμεῖν, ῥιγῶν, ἀσκὸν δείρειν,
εἴπερ τὰ χρέα διαφευξοῦμαι
τοῖς τ' ἀνθρώποις εἶναι δόξω
θρασύς, εὔγλωττος, τολμηρός, ἴτης,
βδελυρός, ψευδῶν συγκολλητής,
εὑρησιεπής, περίτριμμα δικῶν,

κύρβις, κρόταλον, κίναδος, τρύμη,
μάσθλης, εἴρων, γλοιός, ἀλαζών, 450
κέντρων, μιαρός, στρόφις, ἀργαλέος, ματιολοιχός.
Ταῦτ' εἴ με καλοῦσ' ἀπαντῶντες,
δρώντων ἀτεχνῶς ὅτι χρῄζουσιν·
κεἰ βούλονται,
νὴ τὴν Δήμητρ' ἔκ μου χορδὴν
τοῖς φροντισταῖς παραθέντων.
ΧΟΡΟΣ
Λῆμα μὲν πάρεστι τῷδέ γ'
οὐκ ἄτολμον ἀλλ' ἕτοιμον. Ἴσθι δ' ὡς
ταῦτα μαθὼν παρ' ἐμοῦ κλέος οὐρανόμηκες
ἐν βροτοῖσιν ἕξεις.
ΣΤΡΕΨΙΑΔΗΣ
Τί πείσομαι ;
ΧΟΡΟΣ
Τὸν πάντα χρόνον μετ' ἐμοῦ
ζηλωτότατον βίον ἀνθρώπων διάξεις.
ΣΤΡΕΨΙΑΔΗΣ
Ἆρά γε τοῦτ' ἄρ' ἐγώ ποτ' ὄψομαι ;
ΧΟΡΟΣ
Ὥστε γέ σου πολλοὺς ἐπὶ ταῖσι θύραις ἀεὶ καθῆσθαι,
βουλομένους ἀνακοινοῦσθαι τε καὶ εἰς λόγον ἐλθεῖν
πράγματα κἀντιγραφὰς πολλῶν ταλάντων,
ἄξια σῇ φρενὶ συμβουλευσομένους μετὰ σοῦ.
Ἀλλ' ἐγχείρει τὸν πρεσβύτην ὅτιπερ μέλλεις
προδιδάσκειν
καὶ διακίνει τὸν νοῦν αὐτοῦ καὶ τῆς γνώμης ἀποπειρῶ.
ΣΩΚΡΑΤΗΣ
Ἄγε δή, κάτειπέ μοι σὺ τὸν σαυτοῦ τρόπον,
ἵν' αὐτὸν εἰδὼς ὅστις ἐστὶ μηχανὰς
ἤδη 'πὶ τούτοις πρὸς σὲ καινὰς προσφέρω.
ΣΤΡΕΨΙΑΔΗΣ
Τί δέ ; Τειχομαχεῖν μοι διανοεῖ, πρὸς τῶν θεῶν ;

ΣΩΚΡΑΤΗΣ
Οὔκ, ἀλλὰ βραχέα σου πυθέσθαι βούλομαι,
εἰ μνημονικὸς εἶ.
ΣΤΡΕΨΙΑΔΗΣ
Δύο τρόπω, νὴ τὸν Δία.
Ἢν μέν γ' ὀφείληταί τι μοι, μνήμων πάνυ,
ἐὰν δ' ὀφείλω σχέτλιος, ἐπιλήσμων πάνυ.
ΣΩΚΡΑΤΗΣ
Ἔνεστι δῆτά σοι λέγειν ἐν τῇ φύσει ;
ΣΤΡΕΨΙΑΔΗΣ
Λέγειν μὲν οὐκ ἔνεστ', ἀποστ-ερεῖν δ' ἔνι.
ΣΩΚΡΑΤΗΣ
Πῶς οὖν δυνήσει μανθάνειν ;
ΣΤΡΕΨΙΑΔΗΣ
Ἀμέλει, καλῶς.
ΣΩΚΡΑΤΗΣ
Ἄγε νυν ὅπως, ὅταν τι προβάλωμαι σοφὸν
περὶ τῶν μετεώρων, εὐθέως ὑφαρπάσει.
ΣΤΡΕΨΙΑΔΗΣ
Τί δαί ; Κυνηδὸν τὴν σοφίαν σιτήσομαι ;
ΣΩΚΡΑΤΗΣ
Ἄνθρωπος ἀμαθὴς οὑτοσὶ καὶ βάρβαρος.
Δέδοικά σ', ὦ πρεσβῦτα, μὴ πληγῶν δέει.
Φέρ' ἴδω, τί δρᾷς ἤν τις σε τύπτῃ ;
ΣΤΡΕΨΙΑΔΗΣ
Τύπτομαι,
κᾆπειτ' ἐπισχὼν ὀλίγον ἐπιμαρτύρομαι·
εἶτ' αὖθις ἀκαρῆ διαλιπὼν δικάζομαι.
ΣΩΚΡΑΤΗΣ
Ἴθι νυν κατάθου θοἰμάτιον.
ΣΤΡΕΨΙΑΔΗΣ
Ἠδίκηκά τι ;
ΣΩΚΡΑΤΗΣ
Οὔκ, ἀλλὰ γυμνοὺς εἰσιέναι νομίζεται.

ΣΤΡΕΨΙΑΔΗΣ
Ἀλλ' οὐχὶ φωράσων ἔγωγ' εἰσέρχομαι. 500
ΣΩΚΡΑΤΗΣ
Κατάθου. Τί ληρεῖς ;
ΣΤΡΕΨΙΑΔΗΣ
Εἰπὲ δή νυν μοι τοδί·
ἢν ἐπιμελὴς ὦ καὶ προθύμως μανθάνω,
τῷ τῶν μαθητῶν ἐμφερὴς γενήσομαι ;
ΣΩΚΡΑΤΗΣ
Οὐδὲν διοίσεις Χαιρεφῶντος τὴν φύσιν.
ΣΤΡΕΨΙΑΔΗΣ
Οἴμοι κακοδαίμων, ἡμιθνὴς γενήσομαι.
ΣΩΚΡΑΤΗΣ
Οὐ μὴ λαλήσεις, ἀλλ' ἀκολουθήσεις ἐμοὶ
ἀνύσας τι δευρὶ θᾶττον.
ΣΤΡΕΨΙΑΔΗΣ
Εἰς τὼ χεῖρέ νυν
δός μοι μελιτοῦτταν πρότερον, ὡς δέδοικ' ἐγὼ
εἴσω καταβαίνων ὥσπερ εἰς Τροφωνίου.
ΣΩΚΡΑΤΗΣ
Χώρει. Τί κυπτάζεις ἔχων περὶ τὴν θύραν ;
ΧΟΡΟΣ
Ἀλλ' ἴθι χαίρων
τῆς ἀνδρείας
εἵνεκα ταύτης.
Εὐτυχία γένοιτο τἀν-
θρώπῳ ὅτι προήκων
εἰς βαθὺ τῆς ἡλικίας
νεωτέροις τὴν φύσιν αὑ-
τοῦ πράγμασιν χρωτίζεται
καὶ σοφίαν ἐπασκεῖ.
Ὦ θεώμενοι, κατερῶ πρὸς ὑμᾶς ἐλευθέρως
τἀληθῆ, νὴ τὸν Διόνυσον τὸν ἐκθρέψαντά με.
Οὕτω νικήσαιμί τ' ἐγὼ καὶ νομιζοίμην σοφὸς

ὡς ὑμᾶς ἡγούμενος εἶναι θεατὰς δεξιοὺς
καὶ ταύτην σοφώτατ' ἔχειν τῶν ἐμῶν κωμῳδιῶν
πρώτους ἠξίωσ' ἀναγεῦσ' ὑμᾶς, ἣ παρέσχε μοι
ἔργον πλεῖστον· εἶτ' ἀνεχώρουν ὑπ' ἀνδρῶν φορτικῶν
ἡττηθεὶς οὐκ ἄξιος ὤν. Ταῦτ' οὖν ὑμῖν μέμφομαι
τοῖς σοφοῖς, ὧν οὕνεκ' ἐγὼ ταῦτ' ἐπραγματευόμην.
Ἀλλ' οὐδ' ὣς ὑμῶν ποθ' ἑκὼν προδώσω τοὺς δεξιούς.
Ἐξ ὅτου γὰρ ἐνθάδ' ὑπ' ἀνδρῶν, οὓς ἡδὺ καὶ λέγειν,
ὁ σώφρων τε χὠ καταπύγων ἄριστ' ἠκουσάτην,
κἀγώ, παρθένος γὰρ ἔτ' ἦν κοὐκ ἐξῆν πώ μοι τεκεῖν,
ἐξέθηκα, παῖς δ' ἑτέρα τις λαβοῦσ' ἀνείλετο,
ὑμεῖς δ' ἐξεθρέψατε γενναίως κἀπαιδεύσατε,
ἐκ τούτου μοι πιστὰ παρ' ὑμῶν γνώμης ἔσθ' ὅρκια.
Νῦν οὖν Ἠλέκτραν κατ' ἐκείνην ἥδ' ἡ κωμῳδία
ζητοῦσ' ἦλθ', ἤν που 'πιτύχῃ θεαταῖς οὕτω σοφοῖς.
Γνώσεται γάρ, ἤνπερ ἴδῃ, τἀδελφοῦ τὸν βόστρυχον.
ὡς δὲ σώφρων ἐστὶ φύσει σκέψασθ', ἥτις πρῶτα μὲν
οὐδὲν ἦλθε ῥαψαμένη σκύτινον καθειμένον
ἐρυθρὸν ἐξ ἄκρου, παχύ, τοῖς παιδίοις ἵν' ᾖ γέλως·
οὐδ' ἔσκωψεν τοὺς φαλακρούς, οὐδὲ κόρδαχ' εἵλκυσεν·
οὐδὲ πρεσβύτης ὁ λέγων τἄπη τῇ βακτηρίᾳ
τύπτει τὸν παρόντ', ἀφανίζων πονηρὰ σκώμματα·
οὐδ' εἰσῇξε δᾷδας ἔχουσ' οὐδ' ἰοὺ ἰοὺ βοᾷ·
ἀλλ' αὑτῇ καὶ τοῖς ἔπεσιν πιστεύουσ' ἐλήλυθεν.
Κἀγὼ μὲν τοιοῦτος ἀνὴρ ὢν ποιητὴς οὐ κομῶ,
οὐδ' ὑμᾶς ζητῶ 'ξαπατᾶν δὶς καὶ τρὶς ταὔτ' εἰσάγων,
ἀλλ' αἰεὶ καινὰς ἰδέας εἰσφέρων σοφίζομαι
οὐδὲν ἀλλήλαισιν ὁμοίας καὶ πάσας δεξιάς·
Ὃς μέγιστον ὄντα Κλέων' ἔπαισ' εἰς τὴν γαστέρα 550
κοὐκ ἐτόλμησ' αὖθις ἐπεμπηδῆσ' αὐτῷ κειμένῳ.
Οὗτοι δ', ὡς ἅπαξ παρέδωκεν λαβὴν Ὑπέρβολος,
τοῦτον δείλαιον κολετρῶσ' ἀεὶ καὶ τὴν μητέρα.
Εὔπολις μὲν τὸν Μαρικᾶν πρώτιστον παρείλκυσεν
ἐκστρέψας τοὺς ἡμετέρους Ἱππέας κακὸς κακῶς,

προσθεὶς αὐτῷ γραῦν μεθύσην τοῦ κόρδακος οὕνεχ', ἣν
Φρύνιχος πάλαι πεπόηχ', ἣν τὸ κῆτος ἤσθιεν.
Εἶθ' Ἕρμιππος αὖθις ἐποίησεν εἰς Ὑπέρβολον,
ἄλλοι τ' ἤδη πάντες ἐρείδουσιν εἰς Ὑπέρβολον,
τὰς εἰκοὺς τῶν ἐγχέλεων τὰς ἐμὰς μιμούμενοι.
Ὅστις οὖν τούτοισι γελᾷ, τοῖς ἐμοῖς μὴ χαιρέτω.
Ἢν δ' ἐμοὶ καὶ τοῖσιν ἐμοῖς εὐφραίνησθ' εὑρήμασιν,
εἰς τὰς ὥρας τὰς ε(τέρας εὖ φρονεῖν δοκήσετε.
Ὑψιμέδοντα μὲν θεῶν
Ζῆνα τύραννον εἰς χορὸν
πρῶτα μέγαν κικλήσκω·
τόν τε μεγασθενῆ τριαίνης ταμίαν,
γῆς τε καὶ ἁλμυρᾶς θαλάσσης ἄγριον μοχλευτήν·
καὶ μεγαλώνυμον ἡμέτερον πατέρ'
Αἰθέρα σεμνότατον, βιοθρέμμονα πάντων·
τόν θ' ἱππονώμαν, ὃς ὑπερ-
λάμπροις ἀκτῖσιν κατέχει
γῆς πέδον, μέγας ἐν θεοῖς
ἐν θνητοῖσί τε δαίμων.
Ὦ σοφώτατοι θεαταί, δεῦρο τὸν νοῦν προσέχετε·
ἠδικημέναι γὰρ ὑμῖν μεμφόμεσθ' ἐναντίον.
Πλεῖστα γὰρ θεῶν ἁπάντων ὠφελούσαις τὴν πόλιν
δαιμόνων ἡμῖν μόναις οὐ θύετ' οὐδὲ σπένδετε,
αἵτινες τηροῦμεν ὑμᾶς. Ἢν γὰρ ᾖ τις ἔξοδος
μηδενὶ ξὺν νῷ, τότ' ἢ βροντῶμεν ἢ ψακάζομεν.
Εἶτα τὸν θεοῖσιν ἐχθρὸν βυρσοδέψην Παφλαγόνα
ἡνίχ' ᾑρεῖσθε στρατηγόν, τὰς ὀφρῦς ξυνήγομεν
κἀποοῦμεν δεινά, βροντῇ δ' ἐρράγη δι' ἀστραπῆς.
Ἡ σελήνη δ' ἐξέλειπεν τὰς ὁδούς, ὁ δ' ἥλιος
τὴν θρυαλλίδ' εἰς ἑαυτὸν εὐθέως ξυνελκύσας
οὐ φανεῖν ἔφασκεν ὑμῖν εἰ στρατηγήσοι Κλέων.
Ἀλλ' ὅμως εἵλεσθε τοῦτον· φασὶ γὰρ δυσβουλίαν
τῇδε τῇ πόλει προσεῖναι, ταῦτα μέντοι τοὺς θεούς,
ἅττ' ἂν ὑμεῖς ἐξαμάρτητ', ἐπὶ τὸ βέλτιον τρέπειν.

Ὡς δὲ καὶ τοῦτο ξυνοίσει, ῥᾳδίως διδάξομεν.
Ἣν Κλέωνα τὸν λάρον δώρων ἑλόντες καὶ κλοπῆς
εἶτα φιμώσητε τούτου τῷ ξύλῳ τὸν αὐχένα,
αὖθις εἰς τάρχαῖον ὑμῖν, εἴ τι κἀξημάρτετε,
ἐπὶ τὸ βέλτιον τὸ πρᾶγμα τῇ πόλει ξυνοίσεται.
Ἀμφί μοι αὖτε Φοῖβ' ἄναξ
Δήλιε, Κυνθίαν ἔχων
ὑψικέρατα πέτραν·
ἥ τ' Ἐφέσου μάκαιρα πάγχρυσον ἔχεις 600
οἶκον, ἐν ᾧ κόραι σε Λυδῶν μεγάλως σέβουσιν·
ἥ τ' ἐπιχώριος ἡμετέρα θεὸς
αἰγίδος ἡνίοχος, πολιοῦχος Ἀθάνα·
Παρνασσίαν θ' ὃς κατέχων
πέτραν σὺν πεύκαις σελαγεῖ
Βάκχαις Δελφίσιν ἐμπρέπων
κωμαστὴς Διόνυσος.

Ἡνίχ' ἡμεῖς δεῦρ' ἀφορμᾶσθαι παρεσκευάσμεθα,
ἡ Σελήνη ξυντυχοῦσ' ἡμῖν ἐπέστειλεν φράσαι
πρῶτα μὲν χαίρειν Ἀθηναίοισι καὶ τοῖς ξυμμάχοις·
εἶτα θυμαίνειν ἔφασκε. Δεινὰ γὰρ πεπονθέναι
ὠφελοῦσ' ὑμᾶς ἅπαντας οὐ λόγοις ἀλλ' ἐμφανῶς·
πρῶτα μὲν τοῦ μηνὸς εἰς δᾷδ' οὐκ ἔλαττον ἢ δραχμήν,
ὥστε καὶ λέγειν ἅπαντας ἐξιόντας ἑσπέρας
«μὴ πρίῃ, παῖ, δᾷδ', ἐπειδὴ φῶς Σεληναίης καλόν.»
Ἄλλα τ' εὖ δρᾶν φησίν, ὑμᾶς δ' οὐκ ἄγειν τὰς ἡμέρας
οὐδὲν ὀρθῶς, ἀλλ' ἄνω τε καὶ κάτω κυδοιδοπᾶν,
ὥστ' ἀπειλεῖν φησιν αὐτῇ τοὺς θεοὺς ἑκάστοτε,
ἡνίκ' ἂν ψευσθῶσι δείπνου κἀπίωσιν οἴκαδε
τῆς ἑορτῆς μὴ τυχόντες κατὰ λόγον τῶν ἡμερῶν.
Κᾆθ' ὅταν θύειν δέῃ, στρεβλοῦτε καὶ δικάζετε,
πολλάκις δ' ἡμῶν ἀγόντων τῶν θεῶν ἀπαστίαν,
ἡνίκ' ἂν πενθῶμεν ἢ τὸν Μέμνον' ἢ Σαρπηδόνα,
σπένδεθ' ὑμεῖς καὶ γελᾶτ'· ἀνθ' ὧν λαχὼν Ὑπέρβολος
τῆτες ἱερομνημονεῖν κᾄπειθ' ὑφ' ἡμῶν τῶν θεῶν

τὸν στέφανον ἀφῃρέθη· μᾶλλον γὰρ οὕτως εἴσεται
κατὰ σελήνην ὡς ἄγειν χρὴ τοῦ βίου τὰς ἡμέρας.
ΣΩΚΡΑΤΗΣ
Μὰ τὴν Ἀναπνοήν, μὰ τὸ Χάος, μὰ τὸν Ἀέρα,
οὐκ εἶδον οὕτως ἄνδρ' ἄγροικον οὐδαμοῦ
οὐδ' ἄπορον οὐδὲ σκαιὸν οὐδ' ἐπιλήσμονα,
ὅστις σκαλαθυρμάτι' ἄττα μικρὰ μανθάνων
ταῦτ' ἐπιλέλησται πρὶν μαθεῖν. Ὅμως γε μὴν
αὐτὸν καλῶ θύραζε δεῦρο πρὸς τὸ φῶς.
Ποῦ Στρεψιάδης; Ἕξει τὸν ἀσκάντην λαβών;
ΣΤΡΕΨΙΑΔΗΣ
Ἀλλ' οὐκ ἐῶσί μ' ἐξενεγκεῖν οἱ κόρεις.
ΣΩΚΡΑΤΗΣ
Ἀνύσας τι κατάθου καὶ πρόσεχε τὸν νοῦν.
ΣΤΡΕΨΙΑΔΗΣ
Ἰδού.
ΣΩΚΡΑΤΗΣ
Ἄγε δή, τί βούλει πρῶτα νυνὶ μανθάνειν
ὧν οὐκ ἐδιδάχθης πώποτ' οὐδέν; Εἰπέ μοι.
Πότερον περὶ μέτρων ἢ περὶ ἐπῶν ἢ ῥυθμῶν;
ΣΤΡΕΨΙΑΔΗΣ
Περὶ τῶν μέτρων ἔγωγ'· ἔναγχος γάρ ποτε
ὑπ' ἀλφιταμοιβοῦ παρεκόπην διχοινίκῳ.
ΣΩΚΡΑΤΗΣ
Οὐ τοῦτ' ἐρωτῶ σ', ἀλλ' ὅτι κάλλιστον μέτρον
ἡγεῖ, πότερον τὸ τρίμετρον ἢ τὸ τετράμετρον;
ΣΤΡΕΨΙΑΔΗΣ
Ἐγὼ μὲν οὐδὲν πρότερον ἡμιέκτεω.
ΣΩΚΡΑΤΗΣ
Οὐδὲν λέγεις, ὤνθρωπε.
ΣΤΡΕΨΙΑΔΗΣ
Περίδου νυν ἐμοὶ
εἰ μὴ τετράμετρόν ἐστιν ἡμιέκτεων.

ΣΩΚΡΑΤΗΣ
Εἰς κόρακας. Ὡς ἄγροικος εἶ καὶ δυσμαθής.
Ταχύ γ' ἂν δύναιο μανθάνειν περὶ ῥυθμῶν.
ΣΤΡΕΨΙΑΔΗΣ
Τί δέ μ' ὠφελήσουσ' οἱ ῥυθμοὶ πρὸς τἄλφιτα;
ΣΩΚΡΑΤΗΣ
Πρῶτον μὲν εἶναι κομψὸν ἐν συνουσίᾳ, 650
ἐπαΐονθ' ὁποῖός ἐστι τῶν ῥυθμῶν
κατ' ἐνόπλιον, χὠποῖος αὖ κατὰ δάκτυλον.
ΣΤΡΕΨΙΑΔΗΣ
Κατὰ δάκτυλον; Νὴ τὸν Δί', ἀλλ' οἶδ'.
ΣΩΚΡΑΤΗΣ
Εἰπὲ δή,
τίς ἄλλος ἀντὶ τουτουὶ τοῦ δακτύλου;
ΣΤΡΕΨΙΑΔΗΣ
Πρὸ τοῦ μέν, ἔτ' ἐμοῦ παιδὸς ὄντος, οὑτοσί.
ΣΩΚΡΑΤΗΣ
Ἀγρεῖος εἶ καὶ σκαιός.
ΣΤΡΕΨΙΑΔΗΣ
Οὐ γὰρ ὠζυρὲ
τούτων ἐπιθυμῶ μανθάνειν οὐδέν.
ΣΩΚΡΑΤΗΣ
Τί δαί;
ΣΤΡΕΨΙΑΔΗΣ
Ἐκεῖν' ἐκεῖνο, τὸν ἀδικώτατον λόγον.
ΣΩΚΡΑΤΗΣ
Ἀλλ' ἕτερα δεῖ σε πρότερα τούτου μανθάνειν,
τῶν τετραπόδων ἅττ' ἐστιν ὀρθῶς ἄρρενα.
ΣΤΡΕΨΙΑΔΗΣ
Ἀλλ' οἶδ' ἔγωγε τἄρρεν', εἰ μὴ μαίνομαι·
κριός, τράγος, ταῦρος, κύων, ἀλεκτρυών.
ΣΩΚΡΑΤΗΣ
Ὁρᾷς ἃ πάσχεις; Τήν τε θήλειαν καλεῖς
ἀλεκτρυόνα κατὰ ταὐτὸ καὶ τὸν ἄρρενα.

ΣΤΡΕΨΙΑΔΗΣ
Πῶς δή, φέρε ;
ΣΩΚΡΑΤΗΣ
Πῶς ; Ἀλεκτρυὼν κἀλεκτρυών.
ΣΤΡΕΨΙΑΔΗΣ
Νὴ τὸν Ποσειδῶ. Νῦν δὲ πῶς με χρὴ καλεῖν ;
ΣΩΚΡΑΤΗΣ
Ἀλεκτρύαιναν, τὸν δ' ἕτερον ἀλέκτορα.
ΣΤΡΕΨΙΑΔΗΣ
Ἀλεκτρύαιναν ; Εὖ γε νὴ τὸν Ἀέρα·
ὥστ' ἀντὶ τούτου τοῦ διδάγματος μόνου
διαλφιτώσω σου κύκλῳ τὴν κάρδοπον.
ΣΩΚΡΑΤΗΣ
Ἰδοὺ μάλ' αὖθις, τοῦθ' ἕτερον. Τὴν κάρδοπον
ἄρρενα καλεῖς θήλειαν οὖσαν.
ΣΤΡΕΨΙΑΔΗΣ
Τῷ τρόπῳ ;
Ἄρρενα καλῶ 'γὼ κάρδοπον ;
ΣΩΚΡΑΤΗΣ
Μάλιστά γε,
ὥσπερ γε καὶ Κλεώνυμον.
ΣΤΡΕΨΙΑΔΗΣ
Πῶς δή ; Φράσον.
ΣΩΚΡΑΤΗΣ
Ταὐτὸν δύναταί σοι κάρδοπος Κλεωνύμῳ.
ΣΤΡΕΨΙΑΔΗΣ
Ἀλλ' ὦ 'γάθ', οὐδ' ἦν κάρδοπος Κλεωνύμῳ,
ἀλλ' ἐν θυείᾳ στρογγύλῃ γ' ἀνεμάττετο.
Ἀτὰρ τὸ λοιπὸν πῶς με χρὴ καλεῖν ;
ΣΩΚΡΑΤΗΣ
Ὅπως ;
Τὴν καρδόπην, ὥσπερ καλεῖς τὴν Σωστράτην.
ΣΤΡΕΨΙΑΔΗΣ
Τὴν καρδόπην θήλειαν ;

ΣΩΚΡΑΤΗΣ
Ὀρθῶς γὰρ λέγεις.
ΣΤΡΕΨΙΑΔΗΣ
Ἐκεῖνο δ' ἦν ἄν· καρδόπη, Κλεωνύμη.
ΣΩΚΡΑΤΗΣ
Ἔτι δέ γε περὶ τῶν ὀνομάτων μαθεῖν σε δεῖ,
ἅττ' ἄρρεν' ἐστίν, ἄττα δ' αὐτῶν θήλεα.
ΣΤΡΕΨΙΑΔΗΣ
Ἀλλ' οἶδ' ἔγωγ' ἃ θήλε' ἐστίν.
ΣΩΚΡΑΤΗΣ
Εἰπὲ δή.
ΣΤΡΕΨΙΑΔΗΣ
Λύσιλλα, Φίλιννα, Κλειταγόρα, Δημητρία.
ΣΩΚΡΑΤΗΣ
Ἄρρενα δὲ ποῖα τῶν ὀνομάτων ;
ΣΤΡΕΨΙΑΔΗΣ
Μυρία.
Φιλόξενος, Μελησίας, Ἀμεινίας.
ΣΩΚΡΑΤΗΣ
Ἀλλ' ὦ πόνηρε, ταῦτά γ' ἔστ' οὐκ ἄρρενα.
ΣΤΡΕΨΙΑΔΗΣ
Οὐκ ἄρρεν' ὑμῖν ἐστίν ;
ΣΩΚΡΑΤΗΣ
Οὐδαμῶς γ', ἐπεὶ
πῶς γ' ἂν καλέσειας ἐντυχὼν Ἀμεινίᾳ ;
ΣΤΡΕΨΙΑΔΗΣ
Ὅπως ἄν ; Ὠδί· δεῦρο δεῦρ', Ἀμεινία.
ΣΩΚΡΑΤΗΣ
Ὁρᾷς ; Γυναῖκα τὴν Ἀμεινίαν καλεῖς.
ΣΤΡΕΨΙΑΔΗΣ
Οὔκουν δικαίως, ἥτις οὐ στρατεύεται ;
Ἀτὰρ τί ταῦθ' ἃ πάντες ἴσμεν μανθάνω ;
ΣΩΚΡΑΤΗΣ
Οὐδὲν μὰ Δί', ἀλλὰ κατακλινεὶς δευρὶ

ΣΤΡΕΨΙΑΔΗΣ
Τί δρῶ ;
ΣΩΚΡΑΤΗΣ
Ἐκφρόντισόν τι τῶν σεαυτοῦ πραγμάτων.
ΣΤΡΕΨΙΑΔΗΣ
Μὴ δῇθ', ἱκετεύω, 'νταῦθά γ', ἀλλ' εἴπερ γε χρή,
χαμαί μ' ἔασον αὐτὰ ταῦτ' ἐκφροντίσαι.
ΣΩΚΡΑΤΗΣ
Οὐκ ἔστι παρὰ ταῦτ' ἄλλα.
ΣΤΡΕΨΙΑΔΗΣ
Κακοδαίμων ἐγώ.
Οἵαν δίκην τοῖς κόρεσι δώσω τήμερον. 700
ΧΟΡΟΣ
Φρόντιζε δὴ καὶ διάθρει πάντα τρόπον τε σαυτὸν
στρόβει πυκνώσας.
Ταχὺς δ', ὅταν εἰς ἄπορον πέσῃς,
ἐπ' ἄλλο πήδα
νόημα φρενός· ὕπνος δ' ἀπέστω γλυκύθυμος ὀμμάτων.
ΣΤΡΕΨΙΑΔΗΣ
Ἀτταταῖ ἀτταταῖ.
ΧΟΡΟΣ
Τί πάσχεις ; τί κάμνεις ;
ΣΤΡΕΨΙΑΔΗΣ
Ἀπόλλυμαι δείλαιος. Ἐκ τοῦ σκίμποδος
δάκνουσί μ' ἐξέρποντες οἱ Κορίνθιοι,
καὶ τὰς πλευρὰς δαρδάπτουσιν
καὶ τὴν ψυχὴν ἐκπίνουσιν
καὶ τοὺς ὄρχεις ἐξέλκουσιν
καὶ τὸν πρωκτὸν διορύττουσιν,
καί μ' ἀπολοῦσιν.
ΧΟΡΟΣ
Μή νυν βαρέως ἄλγει λίαν.
ΣΤΡΕΨΙΑΔΗΣ
Καὶ πῶς ; Ὅτε μου

φροῦδα τὰ χρήματα, φρούδη χροιά,
φρούδη ψυχή, φρούδη δ' ἐμβάς,
καὶ πρὸς τούτοις ἔτι τοῖσι κακοῖς
φρουρᾶς ᾄδων
ὀλίγου φροῦδος γεγένημαι.
ΣΩΚΡΑΤΗΣ
Οὗτος τί ποιεῖς ; Οὐχὶ φροντίζεις ;
ΣΤΡΕΨΙΑΔΗΣ
Ἐγώ ;
Νὴ τὸν Ποσειδῶ.
ΣΩΚΡΑΤΗΣ
Καὶ τί δῆτ' ἐφρόντισας ;
ΣΤΡΕΨΙΑΔΗΣ
Ὑπὸ τῶν κόρεων εἴ μου τι περιλειφθήσεται.
ΣΩΚΡΑΤΗΣ
Ἀπολεῖ κάκιστ'.
ΣΤΡΕΨΙΑΔΗΣ
Ἀλλ' ὦ 'γάθ' ἀπόλωλ' ἀρτίως.
ΧΟΡΟΣ
Οὐ μαλθακιστέ' ἀλλὰ περικαλυπτέα.
ἐξευρετέος γὰρ νοῦς ἀποστερητικὸς κἀπαιόλημ'.
ΣΤΡΕΨΙΑΔΗΣ
Οἴμοι τίς ἂν δῆτ' ἐπιβάλοι
ἐξ ἀρνακίδων γνώμην ἀποστερητρίδα ;
ΣΩΚΡΑΤΗΣ
Φέρε νυν ἀθρήσω πρῶτον, ὅτι δρᾷ, τουτονί.
Οὗτος, καθεύδεις ;
ΣΤΡΕΨΙΑΔΗΣ
Μὰ τὸν Ἀπόλλω 'γὼ μὲν οὔ.
ΣΩΚΡΑΤΗΣ
Ἔχεις τι ;
ΣΤΡΕΨΙΑΔΗΣ
Μὰ Δί' οὐ δῆτ' ἔγωγ'.

39

ΣΩΚΡΑΤΗΣ
Ούδὲν πάνυ;
ΣΤΡΕΨΙΑΔΗΣ
Ούδέν γε πλὴν ἢ τὸ πέος ἐν τῇ δεξιᾷ.
ΣΩΚΡΑΤΗΣ
Οὐκ ἐγκαλυψάμενος ταχέως τι φροντιεῖς;
ΣΤΡΕΨΙΑΔΗΣ
Περὶ τοῦ; Σὺ γάρ μοι τοῦτο φράσον, ὦ Σώκρατες.
ΣΩΚΡΑΤΗΣ
Αὐτὸς ὅτι βούλει πρῶτος ἐξευρὼν λέγε.
ΣΤΡΕΨΙΑΔΗΣ
Ἀκήκοας μυριάκις ἁγὼ βούλομαι,
περὶ τῶν τόκων, ὅπως ἂν ἀποδῶ μηδενί.
ΣΩΚΡΑΤΗΣ
Ἴθι νυν καλύπτου, καὶ σχάσας τὴν φροντίδα
λεπτὴν κατὰ μικρὸν περιφρόνει τὰ πράγματα
ὀρθῶς διαιρῶν καὶ σκοπῶν.
ΣΤΡΕΨΙΑΔΗΣ
Οἴμοι τάλας.
ΣΩΚΡΑΤΗΣ
Ἔχ' ἀτρέμα· κἂν ἀπορῇς τι τῶν νοημάτων,
ἀφεὶς ἄπελθε, κᾆτα τῇ γνώμῃ πάλιν
κίνησον αὖθις αὐτὸ καὶ ζυγώθρισον.
ΣΤΡΕΨΙΑΔΗΣ
Ὦ Σωκρατίδιον φίλτατον.
ΣΩΚΡΑΤΗΣ
Τί, ὦ γέρον;
ΣΤΡΕΨΙΑΔΗΣ
Ἔχω τόκου γνώμην ἀποστερητικήν.
ΣΩΚΡΑΤΗΣ
Ἐπίδειξον αὐτήν.
ΣΤΡΕΨΙΑΔΗΣ
Εἰπὲ δή νυν μοι
ΣΩΚΡΑΤΗΣ

Τὸ τί;
ΣΤΡΕΨΙΑΔΗΣ
Γυναῖκα φαρμακίδ' εἰ πριάμενος Θετταλὴν 750
καθέλοιμι νύκτωρ τὴν σελήνην, εἶτα δὴ
αὐτὴν καθείρξαιμ' εἰς λοφεῖον στρογγύλον
ὥσπερ κάτροπτον, κᾆτα τηροίην ἔχων.
ΣΩΚΡΑΤΗΣ
Τί δῆτα τοῦτ' ἂν ὠφελήσειέν σ';
ΣΤΡΕΨΙΑΔΗΣ
Ὅ τι;
Εἰ μηκέτ' ἀνατέλλοι σελήνη μηδαμοῦ,
οὐκ ἂν ἀποδοίην τοὺς τόκους.
ΣΩΚΡΑΤΗΣ
Ὁτιὴ τί δή;
ΣΤΡΕΨΙΑΔΗΣ
Ὁτιὴ κατὰ μῆνα τἀργύριον δανείζεται.
ΣΩΚΡΑΤΗΣ
Εὖ γ'. Ἀλλ' ἕτερον αὖ σοι προβαλῶ τι δεξιόν.
Εἴ σοι γράφοιτο πεντετάλαντός τις δίκη,
ὅπως ἂν αὐτὴν ἀφανίσειας εἰπέ μοι.
ΣΤΡΕΨΙΑΔΗΣ
Ὅπως; Ὅπως; Οὐκ οἶδ'. Ἀτὰρ ζητητέον.
ΣΩΚΡΑΤΗΣ
Μή νυν περὶ σαυτὸν εἷλλε τὴν γνώμην ἀεί,
ἀλλ' ἀποχάλα τὴν φροντίδ' εἰς τὸν ἀέρα
λινόδετον ὥσπερ μηλολόνθην τοῦ ποδός.
ΣΤΡΕΨΙΑΔΗΣ
Ηὕρηκ' ἀφάνισιν τῆς δίκης σοφωτάτην,
ὥστ' αὐτὸν ὁμολογεῖν σέ μοι.
ΣΩΚΡΑΤΗΣ
Ποίαν τινά;
ΣΤΡΕΨΙΑΔΗΣ
Ἤδη παρὰ τοῖσι φαρμακοπώλαις τὴν λίθον
ταύτην ἑόρακας, τὴν καλήν, τὴν διαφανῆ,

ἀφ' ἧς τὸ πῦρ ἅπτουσι;
ΣΩΚΡΑΤΗΣ
Τὴν ὕαλον λέγεις;
ΣΤΡΕΨΙΑΔΗΣ
Ἔγωγε. Φέρε, τί δῆτ' ἄν, εἰ ταύτην λαβών,
ὁπότε γράφοιτο τὴν δίκην ὁ γραμματεύς,
ἀπωτέρω στὰς ὧδε πρὸς τὸν ἥλιον
τὰ γράμματ' ἐκτήξαιμι τῆς ἐμῆς δίκης;
ΣΩΚΡΑΤΗΣ
Σοφῶς γε νὴ τὰς Χάριτας.
ΣΤΡΕΨΙΑΔΗΣ
Οἴμ', ὡς ἥδομαι
ὅτι πεντετάλαντος διαγέγραπταί μοι δίκη.
ΣΩΚΡΑΤΗΣ
Ἄγε δὴ ταχέως τουτὶ ξυνάρπασον.
ΣΤΡΕΨΙΑΔΗΣ
Τὸ τί;
ΣΩΚΡΑΤΗΣ
Ὅπως ἀποστρέψαις ἂν ἀντιδικῶν δίκην,
μέλλων ὀφλήσειν, μὴ παρόντων μαρτύρων.
ΣΤΡΕΨΙΑΔΗΣ
Φαυλότατα καὶ ῥᾷστ'.
ΣΩΚΡΑΤΗΣ
Εἰπὲ δή.
ΣΤΡΕΨΙΑΔΗΣ
Καὶ δὴ λέγω.
Εἰ πρόσθεν ἔτι μιᾶς· ἐνεστώσης δίκης
πρὶν τὴν ἐμὴν καλεῖσθ' ἀπαγξαίμην τρέχων.
ΣΩΚΡΑΤΗΣ
Οὐδὲν λέγεις.
ΣΤΡΕΨΙΑΔΗΣ
Νὴ τοὺς θεοὺς ἔγωγ', ἐπεὶ
οὐδεὶς κατ' ἐμοῦ τεθνεῶτος εἰσάξει δίκην.
ΣΩΚΡΑΤΗΣ

Ὑθλεῖς. Ἄπερρ'. Οὐκ ἂν διδαξαίμην σ' ἔτι.
ΣΤΡΕΨΙΑΔΗΣ
Ὁτιὴ τί ; Ναί, πρὸς τῶν θεῶν, ὦ Σώκρατες.
ΣΩΚΡΑΤΗΣ
Ἀλλ' εὐθὺς ἐπιλήθει σύ γ' ἅττ' ἂν καὶ μάθῃς.
Ἐπεὶ τί νυνὶ πρῶτον ἐδιδάχθης ; Λέγε.
ΣΤΡΕΨΙΑΔΗΣ
Φέρ' ἴδω, τί μέντοι πρῶτον ἦν ; Τί πρῶτον ἦν ;
Τίς ἦν ἐν ᾗ ματτόμεθα μέντοι τἄλφιτα ;
Οἴμοι, τίς ἦν ;
ΣΩΚΡΑΤΗΣ
Οὐκ εἰς κόρακας ἀποφθερεῖ,
ἐπιλησμότατον καὶ σκαιότατον γερόντιον ;
ΣΤΡΕΨΙΑΔΗΣ
Οἴμοι. Τί οὖν δῆθ' ὁ κακοδαίμων πείσομαι ;
Ἀπὸ γὰρ ὀλοῦμαι μὴ μαθὼν γλωττοστροφεῖν.
Ἀλλ' ὦ Νεφέλαι, χρηστόν τι συμβουλεύσατε.
ΧΟΡΟΣ
Ἡμεῖς μέν, ὦ πρεσβῦτα, συμβουλεύομεν,
εἴ σοι τις υἱός ἐστιν ἐκτεθραμμένος,
πέμπειν ἐκεῖνον ἀντὶ σαυτοῦ μανθάνειν.
ΣΤΡΕΨΙΑΔΗΣ
Ἀλλ' ἔστ' ἔμοιγ' υἱὸς καλός τε κἀ)γαθός·
ἀλλ' οὐκ ἐθέλει γὰρ μανθάνειν, τί ἐγὼ πάθω ;
ΧΟΡΟΣ
Σὺ δ' ἐπιτρέπεις ;
ΣΤΡΕΨΙΑΔΗΣ
Εὐσωματεῖ γὰρ καὶ σφριγᾷ, 800
κἄστ' ἐκ γυναικῶν εὐπτέρων καὶ Κοισύρας.
Ἀτὰρ μέτειμί γ' αὐτόν· ἢν δὲ μὴ θέλῃ,
οὐκ ἔσθ' ὅπως οὐκ ἐξελῶ 'κ τῆς οἰκίας.
Ἀλλ' ἐπανάμεινόν μ' ὀλίγον εἰσελθὼν χρόνον.
ΧΟΡΟΣ
Ἆρ' αἰσθάνει πλεῖστα δι' ἡμᾶς ἀγάθ' αὐτίχ' ἕξων

μόνας θεῶν; Ὡς
ἕτοιμος ὅδ' ἐστὶν ἅπαντα δρᾶν
ὅσ' ἂν κελεύῃς.
Σὺ δ' ἀνδρὸς ἐκπεπληγμένου
καὶ φανερῶς ἐπηρμένου γνοὺς ἀπολάψεις ὅτι πλεῖστον δύνασαι
ὡς ταχέως· φιλεῖ γάρ πως τὰ τοιαῦθ' ἑτέρᾳ τρέπεσθαι.

ΣΤΡΕΨΙΑΔΗΣ
Οὔτοι μὰ τὴν Ὁμίχλην ἔτ' ἐνταυθοῖ μενεῖς,
ἀλλ' ἔσθι' ἐλθὼν τοὺς Μεγακλέους κίονας.

ΦΕΙΔΙΠΠΙΔΗΣ
Ὦ δαιμόνιε, τί χρῆμα πάσχεις, ὦ πάτερ;
Οὐκ εὖ φρονεῖς, μὰ τὸν Δία τὸν Ὀλύμπιον.

ΣΤΡΕΨΙΑΔΗΣ
Ἰδού γ' ἰδοὺ Δί' Ὀλύμπιον. Τῆς μωρίας·
τὸν Δία νομίζειν ὄντα τηλικουτονί.

ΦΕΙΔΙΠΠΙΔΗΣ
Τί δὲ τοῦτ' ἐγέλασας ἐτεόν;

ΣΤΡΕΨΙΑΔΗΣ
Ἐνθυμούμενος
ὅτι παιδάριον εἶ καὶ φρονεῖς ἀρχαϊκά.
ὅμως γε μὴν πρόσελθ', ἵν' εἰδῇς πλείονα,
καί σοι φράσω τι πρᾶγμ' ὃ μαθὼν ἀνὴρ ἔσει.
Ὅπως δὲ τοῦτο μὴ διδάξεις μηδένα.

ΦΕΙΔΙΠΠΙΔΗΣ
Ἰδού. Τί ἔστιν;

ΣΤΡΕΨΙΑΔΗΣ
Ὤμοσας νυνὶ Δία.

ΦΕΙΔΙΠΠΙΔΗΣ
Ἔγωγ'.

ΣΤΡΕΨΙΑΔΗΣ
Ὁρᾷς οὖν ὡς ἀγαθὸν τὸ μανθάνειν;
Οὐκ ἔστιν, ὦ Φειδιππίδη, Ζεύς.

ΦΕΙΔΙΠΠΙΔΗΣ
Ἀλλὰ τίς ;
ΣΤΡΕΨΙΑΔΗΣ
Δῖνος βασιλεύει τὸν Δί' ἐξεληλακώς.
ΦΕΙΔΙΠΠΙΔΗΣ
Αἰβοῖ· τί ληρεῖς ;
ΣΤΡΕΨΙΑΔΗΣ
Ἴσθι τοῦθ' οὕτως ἔχον.
ΦΕΙΔΙΠΠΙΔΗΣ
Τίς φησι ταῦτα ;
ΣΤΡΕΨΙΑΔΗΣ
Σωκράτης ὁ Μήλιος
καὶ Χαιρεφῶν, ὃς οἶδε τὰ ψυλλῶν ἴχνη.
ΦΕΙΔΙΠΠΙΔΗΣ
Σὺ δ' εἰς τοσοῦτον τῶν μανιῶν ἐλήλυθας
ὥστ' ἀνδράσιν πείθει χολῶσιν ;
ΣΤΡΕΨΙΑΔΗΣ
Εὐστόμει
καὶ μηδὲν εἴπῃς φλαῦρον ἄνδρας δεξιοὺς
καὶ νοῦν ἔχοντας, ὧν ὑπὸ τῆς φειδωλίας
ἀπεκείρατ' οὐδεὶς πώποτ' οὐδ' ἠλείψατο
οὐδ' εἰς βαλανεῖον ἦλθε λουσόμενος· σὺ δὲ
ὥσπερ τεθνεῶτος καταλόει μου τὸν βίον.
Ἀλλ' ὡς τάχιστ' ἐλθὼν ὑπὲρ ἐμοῦ μάνθανε.
ΦΕΙΔΙΠΠΙΔΗΣ
Τί δ' ἂν παρ' ἐκείνων καὶ μάθοι χρηστόν τις ἄν ;
ΣΤΡΕΨΙΑΔΗΣ
Ἄληθες ; Ὅσαπέρ ἐστιν ἀνθρώποις σοφά.
Γνώσει δὲ σαυτὸν ὡς ἀμαθὴς εἶ καὶ παχύς.
Ἀλλ' ἐπανάμεινόν μ' ὀλίγον ἐνταυθοῖ χρόνον.
ΦΕΙΔΙΠΠΙΔΗΣ
Οἴμοι· τί δράσω παραφρονοῦντος τοῦ πατρός ;
Πότερον παρανοίας αὐτὸν εἰσαγαγὼν ἕλω,
ἢ τοῖς σοροπηγοῖς τὴν μανίαν αὐτοῦ φράσω ;

ΣΤΡΕΨΙΑΔΗΣ
Φέρ' ἴδω, σὺ τοῦτον τίνα νομίζεις ; Εἰπέ μοι.
ΦΕΙΔΙΠΠΙΔΗΣ
Ἀλεκτρυόνα.
ΣΤΡΕΨΙΑΔΗΣ
Καλῶς γε. Ταυτηνὶ δὲ τί ;
ΦΕΙΔΙΠΠΙΔΗΣ
Ἀλεκτρυόν'.
ΣΤΡΕΨΙΑΔΗΣ
Ἄμφω ταὐτό ; Καταγέλαστος εἶ. 850
Μή νυν τὸ λοιπόν, ἀλλὰ τήνδε μὲν καλεῖν
ἀλεκτρύαιναν, τουτονὶ δ' ἀλέκτορα.
ΦΕΙΔΙΠΠΙΔΗΣ
Ἀλεκτρύαιναν ; Ταῦτ' ἔμαθες τὰ δεξιὰ
εἴσω παρελθὼν ἄρτι παρὰ τοὺς γηγενεῖς ;
ΣΤΡΕΨΙΑΔΗΣ
Χἄτερά γε πόλλ'· ἀλλ' ὅτι μάθοιμ' ἑκάστοτε
ἐπελανθανόμην ἂν εὐθὺς ὑπὸ πλήθους ἐτῶν.
ΦΕΙΔΙΠΠΙΔΗΣ
Διὰ ταῦτα δὴ καὶ θοἰμάτιον ἀπώλεσας ;
ΣΤΡΕΨΙΑΔΗΣ
Ἀλλ' οὐκ ἀπολώλεκ', ἀλλὰ καταπεφρόντικα.
ΦΕΙΔΙΠΠΙΔΗΣ
Τὰς δ' ἐμβάδας ποῖ τέτροφας, ὦ 'νόητε σύ ;
ΣΤΡΕΨΙΑΔΗΣ
Ὥσπερ Περικλέης, εἰς τὸ δέον ἀπώλεσα.
Ἀλλ' ἴθι, βάδιζ', ἴωμεν. Εἶτα τῷ πατρὶ
πιθόμενος ἐξάμαρτε. Κἀγώ τοι ποτὲ
οἶδ' ἐξέτει σοι τραυλίσαντι πιθόμενος.
Ὃν πρῶτον ὀβολὸν ἔλαβον ἡλιαστικόν,
τούτου 'πριάμην σοι Διασίοις ἁμαξίδα.
ΦΕΙΔΙΠΠΙΔΗΣ
Ἦ μὴν σὺ τούτοις τῷ χρόνῳ ποτ' ἀχθέσει.

ΣΤΡΕΨΙΑΔΗΣ
Εὖ γ' ὅτι ἐπείσθης. Δεῦρο δεῦρ' ὦ Σώκρατες,
ἔξελθ'· ἄγω γάρ σοι τὸν υἱὸν τουτονὶ
ἄκοντ' ἀναπείσας.
ΣΩΚΡΑΤΗΣ
Νηπύτιος γάρ ἐστ' ἔτι
καὶ τῶν κρεμαστῶν οὐ τρίβων τῶν ἐνθάδε.
ΦΕΙΔΙΠΠΙΔΗΣ
Αὐτὸς τρίβων εἴης ἄν, εἰ κρέμαιό γε.
ΣΤΡΕΨΙΑΔΗΣ
Οὐκ εἰς κόρακας ; Καταρᾷ σὺ τῷ διδασκάλῳ ;
ΣΩΚΡΑΤΗΣ
Ἰδοὺ κρέμαι·· ὡς ἠλίθιον ἐφθέγξατο
καὶ τοῖσι χείλεσιν διερρυηκόσιν.
Πῶς ἂν μάθοι ποθ' οὗτος ἀπόφευξιν δίκης
ἢ κλῆσιν ἢ χαύνωσιν ἀναπειστηρίαν ;
Καίτοι ταλάντου τοῦτ' ἔμαθεν Ὑπέρβολος.
ΣΤΡΕΨΙΑΔΗΣ
Ἀμέλει δίδασκε. Θυμόσοφός ἐστιν φύσει.
Εὐθύς γε τοι παιδάριον ὂν τυννουτονὶ
ἔπλαττεν ἔνδον οἰκίας ναῦς τ' ἔγλυφεν
ἁμαξίδας τε σκυτίνας ἠργάζετο
κἀκ τῶν σιδίων βατράχους ἐποίει, πῶς δοκεῖς ;
Ὅπως δ' ἐκείνω τὼ λόγω μαθήσεται,
τὸν κρείττον', ὅστις ἐστί, καὶ τὸν ἥττονα,
ὃς τἄδικα λέγων ἀνατρέπει τὸν κρείττονα·
ἐὰν δὲ μή, τὸν γοῦν ἄδικον πάσῃ τέχνῃ.
ΣΩΚΡΑΤΗΣ
Αὐτὸς μαθήσεται παρ' αὐτοῖν τοῖν λόγοιν·
ἐγὼ δ' ἀπέσομαι.
ΣΤΡΕΨΙΑΔΗΣ
Τοῦτό νυν μέμνησ', ὅπως
πρὸς πάντα τὰ δίκαι' ἀντιλέγειν δυνήσεται.

ΔΙΚΑΙΟΣ ΛΟΓΟΣ
Χώρει δευρί· δεῖξον σαυτὸν
τοῖσι θεαταῖς καίπερ θρασὺς ὤν.
ΑΔΙΚΟΣ ΛΟΓΟΣ
Ἴθ' ὅποι χρῄζεις· πολὺ γὰρ μᾶλλόν σ'
ἐν τοῖς πολλοῖσι λέγων ἀπολῶ.
ΔΙΚΑΙΟΣ ΛΟΓΟΣ
Ἀπολεῖς σύ ; Τίς ὤν ;
ΑΔΙΚΟΣ ΛΟΓΟΣ
λόγος.
ΔΙΚΑΙΟΣ ΛΟΓΟΣ
Ἥττων γ' ὤν.
ΑΔΙΚΟΣ ΛΟΓΟΣ
Ἀλλά σε νικῶ τὸν ἐμοῦ κρείττω
φάσκοντ' εἶναι.
ΔΙΚΑΙΟΣ ΛΟΓΟΣ
Τί σοφὸν ποιῶν ;
ΑΔΙΚΟΣ ΛΟΓΟΣ
Γνώμας καινὰς ἐξευρίσκων.
ΔΙΚΑΙΟΣ ΛΟΓΟΣ
Ταῦτα γὰρ ἀνθεῖ διὰ τουτουσὶ
τοὺς ἀνοήτους.
ΑΔΙΚΟΣ ΛΟΓΟΣ
Οὔκ, ἀλλὰ σοφούς.
ΔΙΚΑΙΟΣ ΛΟΓΟΣ
Ἀπολῶ σε κακῶς. 900
ΑΔΙΚΟΣ ΛΟΓΟΣ
Εἰπέ, τί ποιῶν ;
ΔΙΚΑΙΟΣ ΛΟΓΟΣ
Τὰ δίκαια λέγων.
ΑΔΙΚΟΣ ΛΟΓΟΣ
Ἀλλ' ἀνατρέψω ταῦτ' ἀντιλέγων·
οὐδὲ γὰρ εἶναι πάνυ φημὶ Δίκην.

ΔΙΚΑΙΟΣ ΛΟΓΟΣ
Ούκ εἶναι φής ;
ΑΔΙΚΟΣ ΛΟΓΟΣ
Φέρε γάρ, ποῦ 'στίν ;
ΔΙΚΑΙΟΣ ΛΟΓΟΣ
Παρὰ τοῖσι θεοῖς.
ΑΔΙΚΟΣ ΛΟΓΟΣ
Πῶς δῆτα Δίκης οὔσης ὁ Ζεὺς
οὐκ ἀπόλωλεν τὸν πατέρ' αὐτοῦ δήσας ;
ΔΙΚΑΙΟΣ ΛΟΓΟΣ
Αἰβοῖ, τουτὶ καὶ δὴ.
Χωρεῖ τὸ κακόν. Δότε μοι λεκάνην.
ΑΔΙΚΟΣ ΛΟΓΟΣ
Τυφογέρων εἶ κἀνάρμοστος.
ΔΙΚΑΙΟΣ ΛΟΓΟΣ
Καταπύγων εἶ κἀναίσχυντος.
ΑΔΙΚΟΣ ΛΟΓΟΣ
Ῥόδα μ' εἴρηκας.
ΔΙΚΑΙΟΣ ΛΟΓΟΣ
Καὶ βωμολόχος.
ΑΔΙΚΟΣ ΛΟΓΟΣ
Κρίνεσι στεφανοῖς.
ΔΙΚΑΙΟΣ ΛΟΓΟΣ
Καὶ πατραλοίας.
ΑΔΙΚΟΣ ΛΟΓΟΣ
Χρυσῷ πάττων μ' οὐ γιγνώσκεις.
ΔΙΚΑΙΟΣ ΛΟΓΟΣ
Οὐ δῆτα πρὸ τοῦ γ', ἀλλὰ μολύβδῳ.
ΑΔΙΚΟΣ ΛΟΓΟΣ
Νῦν δέ γε κόσμος τοῦτ' ἐστὶν ἐμοί.
ΔΙΚΑΙΟΣ ΛΟΓΟΣ
Θρασὺς εἶ πολλοῦ.
ΑΔΙΚΟΣ ΛΟΓΟΣ
Σὺ δέ γ' ἀρχαῖος.

ΔΙΚΑΙΟΣ ΛΟΓΟΣ
Διὰ σὲ δὲ φοιτᾶν
οὐδεὶς ἐθέλει τῶν μειρακίων.
Καὶ γνωσθήσει ποτ' Ἀθηναίοις
οἷα διδάσκεις τοὺς ἀνοήτους.
ΑΔΙΚΟΣ ΛΟΓΟΣ
Αὐχμεῖς αἰσχρῶς.
ΔΙΚΑΙΟΣ ΛΟΓΟΣ
σὺ δέ γ' εὖ πράττεις.
Καίτοι πρότερόν γ' ἐπτώχευες,
Τήλεφος εἶναι Μυσὸς φάσκων
ἐκ πηριδίου
γνώμας τρώγων Πανδελετείους.
ΑΔΙΚΟΣ ΛΟΓΟΣ
Ὤμοι σοφίας.
ΔΙΚΑΙΟΣ ΛΟΓΟΣ
Ὤμοι μανίας
ΑΔΙΚΟΣ ΛΟΓΟΣ
Ἧς ἐμνήσθης.
ΔΙΚΑΙΟΣ ΛΟΓΟΣ
Τῆς σῆς πόλεως θ'
ἥτις σε τρέφει
λυμαινόμενον τοῖς μειρακίοις.
ΑΔΙΚΟΣ ΛΟΓΟΣ
Οὐχὶ διδάξεις τοῦτον Κρόνος ὤν.
ΔΙΚΑΙΟΣ ΛΟΓΟΣ
Εἴπερ γ' αὐτὸν σωθῆναι χρὴ
καὶ μὴ λαλιὰν μόνον ἀσκῆσαι.
ΑΔΙΚΟΣ ΛΟΓΟΣ
Δεῦρ' ἴθι, τοῦτον δ' ἔα μαίνεσθαι.
ΔΙΚΑΙΟΣ ΛΟΓΟΣ
Κλαύσει, τὴν χεῖρ' ἢν ἐπιβάλλῃς.
ΧΟΡΟΣ
Παύσασθε μάχης καὶ λοιδορίας.

Ἀλλ' ἐπίδειξαι σύ τε τοὺς προτέρους
ἅττ' ἐδίδασκες, σύ τε τὴν καινὴν
παίδευσιν, ὅπως ἂν ἀκούσας σφῷν
ἀντιλεγόντοιν κρίνας φοιτᾷ.
ΔΙΚΑΙΟΣ ΛΟΓΟΣ
Δρᾶν ταῦτ' ἐθέλω.
ΑΔΙΚΟΣ ΛΟΓΟΣ
Κἄγωγ' ἐθέλω.
ΧΟΡΟΣ
Φέρε δή, πότερος λέξει πρότερος ;
ΑΔΙΚΟΣ ΛΟΓΟΣ
Τούτῳ δώσω·
κᾆτ' ἐκ τούτων ὧν ἂν λέξῃ
ῥηματίοισιν καινοῖς αὐτὸν
καὶ διανοίαις κατατοξεύσω,
τὸ τελευταῖον δ', ἢν ἀναγρύζῃ,
τὸ πρόσωπον ἅπαν καὶ τὠφθαλμὼ
κεντούμενος ὥσπερ ὑπ' ἀνθρηνῶν
ὑπὸ τῶν γνωμῶν ἀπολεῖται. 950
ΧΟΡΟΣ
Νῦν δείξετον τὼ πισύνω τοῖς περιδεξίοισιν
λόγοισι καὶ φροντίσι καὶ γνωμοτύποις μερίμναις
ὁπότερος αὐτῶν ἀμείνων λέγων φανήσεται. Νῦν γὰρ
ἅπας
ἐνθάδε κίνδυνος ἀνεῖται σοφίας,
ἧς πέρι τοῖς ἐμοῖς φίλοις ἐστὶν ἀγὼν μέγιστος.
Ἀλλ' ὦ πολλοῖς τοὺς πρεσβυτέρους ἤθεσι χρηστοῖς
στεφανώσας,
ῥῆξον φωνὴν ᾗτινι χαίρεις καὶ τὴν σαυτοῦ φύσιν εἰπέ.
ΔΙΚΑΙΟΣ ΛΟΓΟΣ
Λέξω τοίνυν τὴν ἀρχαίαν παιδείαν ὡς διέκειτο,
ὅτ' ἐγὼ τὰ δίκαια λέγων ἤνθουν καὶ σωφροσύνη
'νενόμιστο.
Πρῶτον μὲν ἔδει παιδὸς φωνὴν γρύξαντος μηδέν'

ἀκοῦσαι·
εἶτα βαδίζειν ἐν ταῖσιν ὁδοῖς εὐτάκτως εἰς κιθαριστοῦ
τοὺς κωμήτας γυμνοὺς ἀθρόους, κεί κριμνώδη
κατανείφοι.
Εἶτ' αὖ προμαθεῖν ᾆσμ' ἐδίδασκεν τὼ μηρὼ μὴ
ξυνέχοντας,
ἢ Παλλάδα περσέπολιν δεινάν ἢ τηλέπορόν τι βόαμα,
ἐντειναμένους τὴν ἁρμονίαν ἣν οἱ πατέρες παρέδωκαν.
Εἰ δέ τις αὐτῶν βωμολοχεύσαιτ' ἢ κάμψειέν τινα
καμπὴν
οἵας οἱ νῦν, τὰς κατὰ Φρῦνιν ταύτας τὰς
δυσκολοκάμπτους,
ἐπετρίβετο τυπτόμενος πολλὰς ὡς τὰς Μούσας
ἀφανίζων.
Εν παιδοτρίβου δὲ καθίζοντας τὸν μηρὸν ἔδει
προβαλέσθαι
τοὺς παῖδας, ὅπως τοῖς ἔξωθεν μηδὲν δείξειαν ἀπηνές·
εἶτ' αὖ πάλιν αὖθις ἀνιστάμενον συμψῆσαι καὶ
προνοεῖσθαι
εἴδωλον τοῖσιν ἐρασταῖσιν τῆς ἥβης μὴ καταλείπειν.
Ἠλείψατο δ' ἂν τοὐμφαλοῦ οὐδεὶς παῖς ὑπένερθεν τότ'
ἄν, ὥστε
τοῖς αἰδοίοισι δρόσος καὶ χνοῦς ὥσπερ μήλοισιν
ἐπήνθει.
Οὐδ' ἂν μαλακὴν φυρασάμενος τὴν φωνὴν πρὸς τὸν
ἐραστὴν
αὐτὸς ἑαυτὸν προαγωγεύων τοῖν ὀφθαλμοῖν ἐβάδιζεν.
Οὐδ' ἀνελέσθαι δειπνοῦντ' ἐξῆν κεφάλαιον τῆς
ῥαφανῖδος,
οὐδ' ἄννηθον τῶν πρεσβυτέρων ἁρπάζειν οὐδὲ σέλινον,
οὐδ' ὀψοφαγεῖν οὐδὲ κιχλίζειν οὐδ' ἴσχειν τὼ πόδ'
ἐναλλάξ.

ΑΔΙΚΟΣ ΛΟΓΟΣ
Ἀρχαῖά γε καὶ Διπολιώδη καὶ τεττίγων ἀνάμεστα

καὶ Κηκείδου καὶ Βουφονίων.
ΔΙΚΑΙΟΣ ΛΟΓΟΣ
Ἀλλ' οὖν ταῦτ' ἐστὶν ἐκεῖνα
ἐξ ὧν ἄνδρας Μαραθωνομάχας ἡμὴ παίδευσις ἔθρεψεν.
Σὺ δὲ τοὺς νῦν εὐθὺς ἐν ἱματίοισι διδάσκεις
ἐντετυλίχθαι,
ὥστε μ' ἀπάγχεσθ' ὅταν ὀρχεῖσθαι Παναθηναίοις δέον
αὐτοὺς
τὴν ἀσπίδα τῆς κωλῆς προέχων ἀμελῇ τις Τριτογενείης.
Πρὸς ταῦτ', ὦ μειράκιον, θαρρῶν ἐμὲ τὸν κρείττω λόγον
αἱροῦ.
Κἀπιστήσει μισεῖν ἀγορὰν καὶ βαλανείων ἀπέχεσθαι,
καὶ τοῖς αἰσχροῖς αἰσχύνεσθαι κἂν σκώπτῃ τίς σε
φλέγεσθαι,
καὶ τῶν θάκων τοῖς πρεσβυτέροις ὑπανίστασθαι
προσιοῦσιν,
καὶ μὴ περὶ τοὺς σαυτοῦ γονέας σκαιουργεῖν, ἄλλο τε
μηδὲν
αἰσχρὸν ποιεῖν ὅτι τῆς Αἰδοῦς μέλλεις τἄγαλμ'
ἀναπλήσειν ·
μηδ' εἰς ὀρχηστρίδος εἰσᾴττειν, ἵνα μὴ πρὸς ταῦτα
κεχηνὼς
μήλῳ βληθεὶς ὑπὸ πορνιδίου τῆς εὐκλείας
ἀποθραυσθῇς,
μηδ' ἀντειπεῖν τῷ πατρὶ μηδὲν μηδ' Ἰαπετὸν καλέσαντα
μνησικακῆσαι τὴν ἡλικίαν ἐξ ἧς ἐνεοττοτροφήθης. 1000
ΑΔΙΚΟΣ ΛΟΓΟΣ
Εἰ ταῦτ', ὦ μειράκιον, πείσει τούτῳ, νὴ τὸν Διόνυσον
τοῖς Ἱπποκράτους υἱέσιν εἴξεις καί σε καλοῦσι
βλιτομάμμαν.
ΔΙΚΑΙΟΣ ΛΟΓΟΣ
Ἀλλ' οὖν λιπαρός γε καὶ εὐανθὴς ἐν γυμνασίοις
διατρίψεις,
οὐ στωμύλλων κατὰ τὴν ἀγορὰν τριβολεκτράπελ',

οἷάπερ οἱ νῦν,
οὐδ' ἑλκόμενος περὶ πραγματίου
γλισχραντιλογεξεπιτρίπτου,
ἀλλ' εἰς Ἀκαδήμειαν κατιὼν ὑπὸ ταῖς μορίαις ἀποθρέξει
στεφανωσάμενος καλάμῳ λευκῷ μετὰ σώφρονος
ἡλικιώτου,
σμίλακος ὄζων καὶ ἀπραγμοσύνης καὶ λεύκης
φυλλοβολούσης,
ἦρος ἐν ὥρᾳ, χαίρων ὁπόταν πλάτανος πτελέᾳ
ψιθυρίζῃ.
Ἢν ταῦτα ποῇς ἁγὼ φράζω
καὶ πρὸς τούτοις προσέχῃς τὸν νοῦν
ἕξεις αἰεὶ
στῆθος λιπαρόν, χροιὰν λαμπράν,
ὤμους μεγάλους, γλῶτταν βαιάν,
πυγὴν μεγάλην, πόσθην μικράν·
ἢν δ' ἅπερ οἱ νῦν ἐπιτηδεύῃς,
πρῶτα μὲν ἕξεις
χροιὰν ὠχράν, ὤμους μικρούς,
στῆθος λεπτόν, γλῶτταν μεγάλην,
κωλῆν μικράν, ψήφισμα μακρόν,
καί σ' ἀναπείσει τὸ μὲν αἰσχρὸν ἅπαν
καλὸν ἡγεῖσθαι, τὸ καλὸν δ' αἰσχρόν,
καὶ πρὸς τούτοις τῆς Ἀντιμάχου
καταπυγοσύνης σ' ἀναπλήσει.
ΧΟΡΟΣ
Ὦ καλλίπυργον σοφίαν κλεινοτάτην ἐπασκῶν,
ὡς ἡδύ σου τοῖσι λόγοις σῶφρον ἔπεστιν ἄνθος.
Εὐδαίμονες ἄρ' ἦσαν οἱ ζῶντες τότ' ἐπὶ τῶν προτέρων.
Πρὸς τάδε σ', ὦ κομψοπρεπῆ μοῦσαν ἔχων,
δεῖ σε λέγειν τι καινόν, ὡς εὐδοκίμηκεν ἀνήρ.
Δεινῶν δέ σοι βουλευμάτων ἔοικε δεῖν πρὸς αὐτόν,
εἴπερ τὸν ἄνδρ' ὑπερβαλεῖ καὶ μὴ γέλωτ' ὀφλήσεις.

ΑΔΙΚΟΣ ΛΟΓΟΣ
Καὶ μὴν πάλαι 'γὼ 'πνιγόμην τὰ σπλάγχνα κἀπεθύμουν
ἄπαντα ταῦτ' ἐναντίαις γνώμαισι συνταράξαι.
Ἐγὼ γὰρ ἥττων μὲν λόγος δι' αὐτὸ τοῦτ' ἐκλήθην
ἐν τοῖσι φροντισταῖσιν, ὅτι πρώτιστος ἐπενόησα
τοῖσιν νόμοις καὶ ταῖς δίκαις τἀναντί' ἀντιλέξαι.
Καὶ τοῦτο πλεῖν ἢ μυρίων ἔστ' ἄξιον στατήρων,
αἱρούμενον τοὺς ἥττονας λόγους ἔπειτα νικᾶν.
Σκέψαι δὲ τὴν παίδευσιν ᾗ πέποιθεν, ὡς ἐλέγξω,
ὅστις σε θερμῷ φησὶ λοῦσθαι πρῶτον οὐκ ἐάσειν.
Καίτοι τίνα γνώμην ἔχων ψέγεις τὰ θερμὰ λουτρά ;
ΔΙΚΑΙΟΣ ΛΟΓΟΣ
Ὁτιὴ κάκιστόν ἐστι καὶ δειλὸν ποεῖ τὸν ἄνδρα.
ΑΔΙΚΟΣ ΛΟΓΟΣ
Ἐπίσχες· εὐθὺς γάρ σε μέσον ἔχω λαβὼν ἄφυκτον.
Καί μοι φράσον· τῶν τοῦ Διὸς παίδων τίν' ἄνδρ'
ἄριστον
ψυχὴν νομίζεις, εἰπέ, καὶ πλείστους πόνους
πονῆσαι ; 1050
ΔΙΚΑΙΟΣ ΛΟΓΟΣ
Ἐγὼ μὲν οὐδέν' Ἡρακλέους βελτίον' ἄνδρα κρίνω.
ΑΔΙΚΟΣ ΛΟΓΟΣ
Ποῦ ψυχρὰ δῆτα πώποτ' εἶδες Ἡράκλεια λουτρά ;
Καίτοι τίς ἀνδρειότερος ἦν ;
ΔΙΚΑΙΟΣ ΛΟΓΟΣ
Ταῦτ' ἐστί, ταῦτ', ἐκεῖνα
ἃ τῶν νεανίσκων ἀεὶ δι' ἡμέρας λαλούντων
πλῆρες τὸ βαλανεῖον ποιεῖ κενὰς δὲ τὰς παλαίστρας.
ΑΔΙΚΟΣ ΛΟΓΟΣ
Εἶτ' ἐν ἀγορᾷ τὴν διατριβὴν ψέγεις, ἐγὼ δ' ἐπαινῶ.
Εἰ γὰρ πονηρὸν ἦν, Ὅμηρος οὐδέποτ' ἂν ἐποίει
τὸν Νέστορ' ἀγορητὴν ἄν, οὐδὲ τοὺς σοφοὺς ἅπαντας.
Ἄνειμι δῆτ' ἐντεῦθεν εἰς τὴν γλῶτταν, ἣν ὁδὶ μὲν
οὔ φησι χρῆναι τοὺς νέους ἀσκεῖν, ἐγὼ δέ φημι.

Καὶ σωφρονεῖν αὖ φησὶ χρῆναι, δύο κακὼ μεγίστω.
Ἐπεὶ σὺ διὰ τὸ σωφρονεῖν τῷ πώποτ' εἶδες ἤδη
ἀγαθόν τι γενόμενον ; Φράσον, καί μ' ἐξέλεγξον εἰπών.
ΔΙΚΑΙΟΣ ΛΟΓΟΣ
Πολλοῖς. Ὁ γοῦν Πηλεὺς ἔλαβε διὰ τοῦτο τὴν μάχαιραν.
ΑΔΙΚΟΣ ΛΟΓΟΣ
Μάχαιραν ; Ἀστεῖόν γε κέρδος ἔλαβεν ὁ κακοδαίμων.
Ὑπέρβολος δ' οὐκ τῶν λύχνων πλεῖν ἢ τάλαντα πολλὰ
εἴληφε διὰ πονηρίαν, ἀλλ' οὐ μὰ Δί' οὐ μάχαιραν.
ΔΙΚΑΙΟΣ ΛΟΓΟΣ
Καὶ τὴν Θέτιν γ' ἔγημε διὰ τὸ σωφρονεῖν ὁ Πηλεύς.
ΑΔΙΚΟΣ ΛΟΓΟΣ
Κᾆτ' ἀπολιποῦσά γ' αὐτὸν ᾤχετ'· οὐ γὰρ ἦν ὑβριστὴς
οὐδ' ἡδὺς ἐν τοῖς στρώμασιν τὴν νύκτα παννυχίζειν·
γυνὴ δὲ σιναμωρουμένη χαίρει. Σὺ δ' εἶ Κρόνιππος.
Σκέψαι γάρ, ὦ μειράκιον, ἐν τῷ σωφρονεῖν ἅπαντα
ἄνεστιν, ἡδονῶν θ' ὅσων μέλλεις ἀποστερεῖσθαι·
παίδων, γυναικῶν, κοττάβων, ὄψων, πότων, καχασμῶν.
Καίτοι τί σοι ζῆν ἄξιον, τούτων ἐὰν στερηθῇς ;
Εἶἐν. Πάρειμ' ἐντεῦθεν εἰς τὰς τῆς φύσεως ἀνάγκας.
ἥμαρτες, ἠράσθης, ἐμοίχευσάς τι, κᾆτ' ἐλήφθης.
Ἀπόλωλας· ἀδύνατος γὰρ εἶ λέγειν. Ἐμοὶ δ' ὁμιλῶν
χρῶ τῇ φύσει, σκίρτα, γέλα, νόμιζε μηδὲν αἰσχρόν.
Μοιχὸς γὰρ ἢν τύχῃς ἁλούς, τάδ' ἀντερεῖς πρὸς αὐτόν,
ὡς οὐδὲν ἠδίκηκας· εἶτ' εἰς τὸν Δί' ἐπανενεγκεῖν,
κἀκεῖνος ὡς ἥττων ἔρωτός ἐστι καὶ γυναικῶν·
καίτοι σὺ θνητὸς ὢν θεοῦ πῶς μεῖζον ἂν δύναιο ;
ΔΙΚΑΙΟΣ ΛΟΓΟΣ
Τί δ' ἢν ῥαφανιδωθῇ πιθόμενός σοι τέφρᾳ τε τιλθῇ ;
Ἕξει τινὰ γνώμην λέγειν τὸ μὴ εὐρύπρωκτος εἶναι ;
ΑΔΙΚΟΣ ΛΟΓΟΣ
Ἢν δ' εὐρύπρωκτος ᾖ, τί πείσεται κακόν ;
ΔΙΚΑΙΟΣ ΛΟΓΟΣ
Τί μὲν οὖν ἂν ἔτι μεῖζον πάθοι τούτου ποτέ ;

ΑΔΙΚΟΣ ΛΟΓΟΣ
Τί δῆτ' ἐρεῖς, ἢν τοῦτο νικηθῇς ἐμοῦ ;
ΔΙΚΑΙΟΣ ΛΟΓΟΣ
Σιγήσομαι. Τί δ' ἄλλο ;
ΑΔΙΚΟΣ ΛΟΓΟΣ
Φέρε δή μοι φράσον,
συνηγοροῦσιν ἐκ τίνων ;
ΔΙΚΑΙΟΣ ΛΟΓΟΣ
Ἐξ εὐρυπρώκτων.
ΑΔΙΚΟΣ ΛΟΓΟΣ
Πείθομαι.
Τί δαί ; Τραγῳδοῦσ' ἐκ τίνων ;
ΔΙΚΑΙΟΣ ΛΟΓΟΣ
Ἐξ εὐρυπρώκτων.
ΑΔΙΚΟΣ ΛΟΓΟΣ
Εὖ λέγεις.
Δημηγοροῦσι δ' ἐκ τίνων ;
ΔΙΚΑΙΟΣ ΛΟΓΟΣ
Ἐξ εὐρυπρώκτων.
ΑΔΙΚΟΣ ΛΟΓΟΣ
Ἆρα δῆτ'
ἔγνωκας ὡς οὐδὲν λέγεις ;
Καὶ τῶν θεατῶν ὀπότεροι πλείους σκόπει.
ΔΙΚΑΙΟΣ ΛΟΓΟΣ
Καὶ δὴ σκοπῶ.
ΑΔΙΚΟΣ ΛΟΓΟΣ
Τί δῆθ' ὁρᾷς ;
ΔΙΚΑΙΟΣ ΛΟΓΟΣ
Πολὺ πλείονας, νὴ τοὺς θεούς,
τοὺς εὐρυπρώκτους. 1100
Τουτονὶ γοῦν οἶδ' ἐγὼ κἀκεινονὶ
καὶ τὸν κομήτην τουτονί.
ΑΔΙΚΟΣ ΛΟΓΟΣ
Τί δῆτ' ἐρεῖς ;

ΔΙΚΑΙΟΣ ΛΟΓΟΣ
Ἡττήμεθ'. Ὁ κινούμενοι,
πρὸς τῶν θεῶν δέξασθέ μου θοἰμάτιον, ὡς
ἐξαυτομολῶ πρὸς ὑμᾶς.
ΑΔΙΚΟΣ ΛΟΓΟΣ
Τί δῆτα ; Πότερα τοῦτον ἀπάγεσθαι λαβὼν
βούλει τὸν υἱόν, ἢ διδάσκω σοι λέγειν ;
ΣΤΡΕΨΙΑΔΗΣ
Δίδασκε καὶ κόλαζε καὶ μέμνησ' ὅπως
εὖ μοι στομώσεις αὐτόν, ἐπὶ μὲν θάτερα
οἷον δικιδίοις, τὴν δ' ἑτέραν αὐτοῦ γνάθον
στόμωσον οἵαν εἰς τὰ μείζω πράγματα.
ΑΔΙΚΟΣ ΛΟΓΟΣ
Ἀμέλει, κομιεῖ τοῦτον σοφιστὴν δεξιόν.
ΦΕΙΔΙΠΠΙΔΗΣ
Ὠχρὸν μὲν οὖν οἶμαί γε καὶ κακοδαίμονα.
ΧΟΡΟΣ
Χωρεῖτέ νυν. Οἶμαι δὲ σοὶ ταῦτα μεταμελήσειν.
Τοὺς κριτὰς ἃ κερδανοῦσιν, ἤν τι τόνδε τὸν χορὸν
ὠφελῶσ' ἐκ τῶν δικαίων, βουλόμεσθ' ἡμεῖς φράσαι.
Πρῶτα μὲν γάρ, ἢν νεᾶν βούλησθ' ἐν ὥρᾳ τοὺς ἀγρούς,
ὕσομεν πρώτοισιν ὑμῖν, τοῖσι δ' ἄλλοις ὕστερον.
Εἶτα τὸν καρπὸν τεκούσας ἀμπέλους φυλάξομεν,
ὥστε μήτ' αὐχμὸν πιέζειν μήτ' ἄγαν ἐπομβρίαν.
Ἢν δ' ἀτιμάσῃ τις ἡμᾶς θνητὸς ὢν οὔσας θεάς,
προσεχέτω τὸν νοῦν πρὸς ἡμῶν οἷα πείσεται κακά,
λαμβάνων οὔτ' οἶνον οὔτ' ἄλλ' οὐδὲν ἐκ τοῦ χωρίου.
Ἡνίκ' ἂν γὰρ αἵ τ' ἐλαῖαι βλαστάνωσ' αἵ τ' ἄμπελοι,
ἀποκεκόψονται· τοιαύταις σφενδόναις παιήσομεν.
Ἢν δὲ πλινθεύοντ' ἴδωμεν, ὕσομεν καὶ τοῦ τέγους
τὸν κέραμον αὐτοῦ χαλάζαις στρογγύλαις συντρίψομεν.
Κἂν γαμῇ ποτ' αὐτὸς ἢ τῶν ξυγγενῶν ἢ τῶν φίλων,
ὕσομεν τὴν νύκτα πᾶσαν, ὥστ' ἴσως βουλήσεται
κἂν ἐν Αἰγύπτῳ τυχεῖν ὢν μᾶλλον ἢ κρῖναι κακῶς.

ΣΤΡΕΨΙΑΔΗΣ
Πέμπτη, τετράς, τρίτη· μετὰ ταύτην δευτέρα·
εἶθ' ἣν ἐγὼ μάλιστα πασῶν ἡμερῶν
δέδοικα καὶ πέφρικα καὶ βδελύττομαι,
εὐθὺς μετὰ ταύτην ἔσθ' ἕνη τε καὶ νέα.
Πᾶς γάρ τις ὀμνύς, οἷς ὀφείλων τυγχάνω,
θείς μοι πρυτανεῖ' ἀπολεῖν μέ φησι κἀξολεῖν.
Κἀμοῦ μέτριά τε καὶ δίκαι' αἰτουμένου,
ὦ δαιμόνιε, τὸ μέν τι νυνὶ μὴ λάβῃς,
τὸ δ' ἀναβαλοῦ μοι, τὸ δ' ἄφες, οὔ φασίν ποτε
οὕτως ἀπολήψεσθ', ἀλλὰ λοιδοροῦσί με
ὡς ἄδικός εἰμι, καὶ δικάσεσθαί φασί μοι.
Νῦν οὖν δικαζέσθων. Ὀλίγον γάρ μοι μέλει,
εἴπερ μεμάθηκεν εὖ λέγειν Φειδιππίδης.
Τάχα δ' εἴσομαι κόψας τὸ φροντιστήριον.
Παῖ, ἠμί, παῖ, παῖ.
ΣΩΚΡΑΤΗΣ
Στρεψιάδην ἀσπάζομαι.
ΣΤΡΕΨΙΑΔΗΣ
Κἄγωγέ σ'. Ἀλλὰ τουτονὶ πρῶτον λαβέ.
Χρὴ γὰρ ἐπιθαυμάζειν τι τὸν διδάσκαλον.
Καί μοι τὸν υἱόν, εἰ μεμάθηκε τὸν λόγον
ἐκεῖνον, εἴφ', ὃν ἀρτίως εἰσήγαγες. 1150
ΣΩΚΡΑΤΗΣ
Μεμάθηκεν.
ΣΤΡΕΨΙΑΔΗΣ
Εὖ γ', ὦ παμβασίλει' Ἀπαιόλη.
ΣΩΚΡΑΤΗΣ
Ὥστ' ἀποφύγοις ἂν ἥντιν' ἂν βούλῃ δίκην.
ΣΤΡΕΨΙΑΔΗΣ
Κεἰ μάρτυρες παρῆσαν ὅτ' ἐδανειζόμην ;
ΣΩΚΡΑΤΗΣ
Πολλῷ γε μᾶλλον, κἂν παρῶσι χίλιοι.

ΣΤΡΕΨΙΑΔΗΣ
Βοάσομαι τἄρα τὰν ὑπέρτονον
βοάν. Ἰώ, κλάετ' ὠβολοστάται,
αὐτοί τε καὶ τἄρχαῖα καὶ τόκοι τόκων.
Οὐδὲν γὰρ ἄν με φλαῦρον ἐργάσαισθ' ἔτι,
οἷος ἐμοὶ τρέφεται
τοῖσδ' ἐνὶ δώμασι παῖς
ἀμφήκει γλώττῃ λάμπων,
πρόβολος ἐμός, σωτὴρ δόμοις, ἐχθροῖς βλάβη,
λυσανίας πατρῴων μεγάλων κακῶν·
ὃν κάλεσον τρέχων ἔνδοθεν ὡς ἐμέ.
Ὦ τέκνον, ὦ παῖ, ἔξελθ' οἴκων,
ἄϊε σοῦ πατρός.
ΣΩΚΡΑΤΗΣ
Ὅδ' ἐκεῖνος ἀνήρ.
ΣΤΡΕΨΙΑΔΗΣ
Ὦ φίλος, ὦ φίλος.
ΣΩΚΡΑΤΗΣ
Ἄπιθι λαβών.
ΣΤΡΕΨΙΑΔΗΣ
Ἰὼ ἰώ, τέκνον. Ἰώ, ἰοῦ ἰοῦ.
Ὡς ἤδομαί σου πρῶτα τὴν χροιὰν ἰδών.
Νῦν μέν γ' ἰδεῖν εἶ πρῶτον ἐξαρνητικὸς
κἀντιλογικός, καὶ τοῦτο τοὐπιχώριον
ἀτεχνῶς ἐπανθεῖ, τὸ τί λέγεις σύ ; Καὶ δοκεῖν
ἀδικοῦντ' ἀδικεῖσθαι, καὶ κακουργοῦντ', οἶδ' ὅτι.
Ἐπὶ τοῦ προσώπου τ' ἐστὶν Ἀττικὸν βλέπος.
Νῦν οὖν ὅπως σώσεις μ', ἐπεὶ κἀπώλεσας.
ΦΕΙΔΙΠΠΙΔΗΣ
Φοβεῖ δὲ δὴ τί ;
ΣΤΡΕΨΙΑΔΗΣ
Τὴν ἕνην τε καὶ νέαν.
ΦΕΙΔΙΠΠΙΔΗΣ
Ἕνη γὰρ ἔστι καὶ νέα τις ἡμέρα ;

ΣΤΡΕΨΙΑΔΗΣ
Εἴς ἥν γε θήσειν τὰ πρυτανεῖά φασί μοι.
ΦΕΙΔΙΠΠΙΔΗΣ
Ἀπολοῦσ' ἄρ' αὔθ' οἱ θέντες. Οὐ γάρ ἐσθ' ὅπως
μί' ἡμέρα γένοιτ' ἂν ἡμέραι δύο.
ΣΤΡΕΨΙΑΔΗΣ
Οὐκ ἂν γένοιτο;
ΦΕΙΔΙΠΠΙΔΗΣ
Πῶς γάρ, εἰ μή περ γ' ἅμα
αὐτὴ γένοιτ' ἂν γραῦς τε καὶ νέα γυνή.
ΣΤΡΕΨΙΑΔΗΣ
Καὶ μὴν νενόμισταί γ'.
ΦΕΙΔΙΠΠΙΔΗΣ
Οὐ γὰρ οἶμαι τὸν νόμον
ἴσασιν ὀρθῶς ὅτι νοεῖ.
ΣΤΡΕΨΙΑΔΗΣ
Νοεῖ δὲ τί;
ΦΕΙΔΙΠΠΙΔΗΣ
ὁ Σόλων ὁ παλαιὸς ἦν φιλόδημος τὴν φύσιν.
ΣΤΡΕΨΙΑΔΗΣ
Τουτὶ μὲν οὐδέν πω πρὸς ἕνην τε καὶ νέαν.
ΦΕΙΔΙΠΠΙΔΗΣ
Ἐκεῖνος οὖν τὴν κλῆσιν εἰς δύ' ἡμέρας
ἔθηκεν, εἴς γε τὴν ἕνην τε καὶ νέαν,
ἵν' αἱ θέσεις γίγνοιντο τῇ νουμηνίᾳ.
ΣΤΡΕΨΙΑΔΗΣ
Ἵνα δὴ τί τὴν ἕνην προσέθηκεν;
ΦΕΙΔΙΠΠΙΔΗΣ
Ἵν', ὦ μέλε,
παρόντες οἱ φεύγοντες ἡμέρᾳ μιᾷ
πρότερον ἀπαλλάττοινθ' ἑκόντες· εἰ δὲ μή,
ἕωθεν ὑπανιῷντο τῇ νουμηνίᾳ.
ΣΤΡΕΨΙΑΔΗΣ
Πῶς οὐ δέχονται δῆτα τῇ νουμηνίᾳ

ἀρχαὶ τὰ πρυτανεῖ', ἀλλ' ἕνῃ τε καὶ νέᾳ ;
ΦΕΙΔΙΠΠΙΔΗΣ
Ὅπερ οἱ προτένθαι γὰρ δοκοῦσί μοι παθεῖν·
ὅπως τάχιστα τὰ πρυτανεῖ' ὑφελοίατο, 1200
διὰ τοῦτο προυτένθευσαν ἡμέρᾳ μιᾷ.
ΣΤΡΕΨΙΑΔΗΣ
Εὖ γ'. Ὁ κακοδαίμονες, τί κάθησθ' ἀβέλτεροι,
ἡμέτερα κέρδη τῶν σοφῶν, ὄντες λίθοι,
ἀριθμός, πρόβατ' ἄλλως, ἀμφορῆς νενησμένοι ;
"Ὥστ' εἰς ἐμαυτὸν καὶ τὸν υἱὸν τουτονὶ
ἐπ' εὐτυχίαισιν ᾀστέον μούγκώμιον.
« "Μάκαρ ὦ Στρεψιάδες
αὐτός τ' ἔφυς, ὡς σοφός,
χοῖον τὸν υἱὸν τρέφεις »,
φήσουσι δή μ' οἱ φίλοι
χοί δημόται
ζηλοῦντες ἡνίκ' ἂν σὺ νικᾷς λέγων τὰς δίκας.
Ἀλλ' εἰσάγων σε βούλομαι πρῶτον ἑστιᾶσαι.
ΔΑΝΕΙΣΤΗΣ Α.
Εἶτ' ἄνδρα τῶν αὐτοῦ τι χρὴ προϊέναι ;
Οὐδέποτέ γ', ἀλλὰ κρεῖττον εὐθὺς ἦν τότε
ἀπερυθριᾶσαι μᾶλλον ἢ σχεῖν πράγματα,
ὅτε τῶν ἐμαυτοῦ γ' ἕνεκα νυνὶ χρημάτων
ἕλκω σε κλητεύσοντα, καὶ γενήσομαι
ἐχθρὸς ἔτι πρὸς τούτοισιν ἀνδρὶ δημότῃ.
Ἀτὰρ οὐδέποτέ γε τὴν πατρίδα καταισχυνῶ
ζῶν, ἀλλὰ καλοῦμαι Στρεψιάδην
ΣΤΡΕΨΙΑΔΗΣ
Τίς οὑτοσί ;
ΔΑΝΕΙΣΤΗΣ Α.
Εἰς τὴν ἕνην τε καὶ νέαν.
ΣΤΡΕΨΙΑΔΗΣ
Μαρτύρομαι
ὅτι εἰς δύ' εἶπεν ἡμέρας. Τοῦ χρήματος ;

ΔΑΝΕΙΣΤΗΣ Α.
Τῶν δώδεκα μνῶν, ἃς ἔλαβες ὠνούμενος
τὸν ψαρὸν ἵππον.
ΣΤΡΕΨΙΑΔΗΣ
Ἵππον; Οὐκ ἀκούετε;
Ὂν πάντες ὑμεῖς ἴστε μισοῦνθ' ἱππικήν.
ΔΑΝΕΙΣΤΗΣ Α.
Καὶ νὴ Δί' ἀποδώσειν γ' ἐπώμνυς τοὺς θεούς.
ΣΤΡΕΨΙΑΔΗΣ
Μὰ τὸν Δί' οὐ γάρ πω τότ' ἐξηπίστατο
Φειδιππίδης μοι τὸν ἀκατάβλητον λόγον.
ΔΑΝΕΙΣΤΗΣ Α.
Νῦν δὲ διὰ τοῦτ' ἔξαρνος εἶναι διανοεῖ;
ΣΤΡΕΨΙΑΔΗΣ
Τί γὰρ ἄλλ' ἂν ἀπολαύσαιμι τοῦ μαθήματος;
ΔΑΝΕΙΣΤΗΣ Α.
Καὶ ταῦτ' ἐθελήσεις ἀπομόσαι μοι τοὺς θεοὺς
ἵν' ἂν κελεύσω 'γώ σε;
ΣΤΡΕΨΙΑΔΗΣ
Τοὺς ποίους θεούς;
ΔΑΝΕΙΣΤΗΣ Α.
Τὸν Δία, τὸν Ἑρμῆν, τὸν Ποσειδῶ.
ΣΤΡΕΨΙΑΔΗΣ
Νὴ Δία,
κἂν προσκαταθείην γ', ὥστ' ὀμόσαι, τριώβολον.
ΔΑΝΕΙΣΤΗΣ Α.
Ἀπόλοιο τοίνυν ἕνεκ' ἀναιδείας ἔτι.
ΣΤΡΕΨΙΑΔΗΣ
Ἁλσὶν διασμηχθεὶς ὄναιτ' ἂν οὑτοσί.
ΔΑΝΕΙΣΤΗΣ Α.
Οἴμ' ὡς καταγελᾷς.
ΣΤΡΕΨΙΑΔΗΣ
ἓξ χοᾶς χωρήσεται.

ΔΑΝΕΙΣΤΗΣ Α.
Οὔ τοι μὰ τὸν Δία τὸν μέγαν καὶ τοὺς θεοὺς
ἐμοῦ καταπροίξει.
ΣΤΡΕΨΙΑΔΗΣ
Θαυμασίως ἥσθην θεοῖς,
καὶ Ζεὺς γελοῖος ὀμνύμενος τοῖς εἰδόσιν.
ΔΑΝΕΙΣΤΗΣ Α.
Ἦ μὴν σὺ τούτων τῷ χρόνῳ δώσεις δίκην.
Ἀλλ' εἴτ' ἀποδώσεις μοι τὰ χρήματ' εἴτε μή,
ἀπόπεμψον ἀποκρινάμενος.
ΣΤΡΕΨΙΑΔΗΣ
Ἔχε νυν ἥσυχος·
ἐγὼ γὰρ αὐτίκ' ἀποκρινοῦμαί σοι σαφῶς.
ΔΑΝΕΙΣΤΗΣ Α.
Τί σοι δοκεῖ δράσειν; Ἀποδώσειν σοι δοκεῖ;
ΣΤΡΕΨΙΑΔΗΣ
Ποῦ 'σθ' οὗτος ἀπαιτῶν με τἀργύριον; Λέγε,
τουτὶ τί ἐστι;
ΔΑΝΕΙΣΤΗΣ Α.
Τοῦθ' ὅ τι ἐστί; Κάρδοπος.
ΣΤΡΕΨΙΑΔΗΣ
Ἔπειτ' ἀπαιτεῖς ἀργύριον τοιοῦτος ὤν; 1250
Οὐκ ἂν ἀποδοίην οὐδ' ἂν ὀβολὸν οὐδενί,
ὅστις καλέσειε κάρδοπον τὴν καρδόπην.
ΔΑΝΕΙΣΤΗΣ Α.
Οὐκ ἄρ' ἀποδώσεις;
ΣΤΡΕΨΙΑΔΗΣ
Οὐχ ὅσον γ' ἔμ' εἰδέναι.
Οὔκουν ἀνύσας τι θᾶττον ἀπολιταργιεῖς
ἀπὸ τῆς θύρας;
ΔΑΝΕΙΣΤΗΣ Α.
Ἄπειμι· καὶ τοῦτ' ἴσθ', ὅτι
θήσω πρυτανεῖ', ἢ μηκέτι ζώην ἐγώ.

ΣΤΡΕΨΙΑΔΗΣ
Προσαποβαλεῖς ἄρ' αὐτὰ πρὸς ταῖς δώδεκα.
Καίτοι σε τοῦτό γ' οὐχὶ βούλομαι παθεῖν
ὁτιὴ 'κάλεσας εὐηθικῶς τὴν κάρδοπον.
ΔΑΝΕΙΣΤΗΣ Β.
Ἰώ μοι μοι.
ΣΤΡΕΨΙΑΔΗΣ
Ἔα· τίς οὗτος ἔσθ' ὁ θρηνῶν ; Οὔ τι που
τῶν Καρκίνου τις δαιμόνων ἐφθέγξατο ;
ΔΑΝΕΙΣΤΗΣ Α.
Τί δ', ὅστις εἰμί, τοῦτο βούλεσθ' εἰδέναι ;
Ἀνὴρ κακοδαίμων.
ΣΤΡΕΨΙΑΔΗΣ
Κατὰ σεαυτόν νυν τρέπου.
ΔΑΝΕΙΣΤΗΣ Α.
Ὦ σκληρὲ δαῖμον· ὦ τύχαι θραυσάντυγες
ἵππων ἐμῶν· ὦ Παλλάς, ὥς μ' ἀπώλεσας.
ΣΤΡΕΨΙΑΔΗΣ
Τί δαί σε Τληπόλεμός ποτ' εἴργασται κακόν ;
ΔΑΝΕΙΣΤΗΣ Α.
Μὴ σκῶπτέ μ', ὦ τᾶν, ἀλλά μοι τὰ χρήματα
τὸν υἱὸν ἀποδοῦναι κέλευσον ἄλαβεν,
ἄλλως τε μέντοι καὶ κακῶς πεπραγότι.
ΣΤΡΕΨΙΑΔΗΣ
Τὰ ποῖα ταῦτα χρήμαθ' ;
ΔΑΝΕΙΣΤΗΣ Α.
Ἀδανείσατο.
ΣΤΡΕΨΙΑΔΗΣ
Κακῶς ἄρ' ὄντως εἶχες, ὥς γ' ἐμοὶ δοκεῖς.
ΔΑΝΕΙΣΤΗΣ Α.
Ἵππους γ' ἐλαύνων ἐξέπεσον νὴ τοὺς θεούς.
ΣΤΡΕΨΙΑΔΗΣ
Τί δῆτα ληρεῖς ὥσπερ ἀπ' ὄνου καταπεσών ;

ΔΑΝΕΙΣΤΗΣ Α.
Ληρῶ, τὰ χρήματ' ἀπολαβεῖν εἰ βούλομαι ;
ΣΤΡΕΨΙΑΔΗΣ
Οὐκ ἔσθ' ὅπως σύ γ' αὐτὸς ὑγιαίνεις.
ΔΑΝΕΙΣΤΗΣ Α.
Τί δαί ;
ΣΤΡΕΨΙΑΔΗΣ
Τὸν ἐγκέφαλον ὥσπερ σεσεῖσθαί μοι δοκεῖς.
ΔΑΝΕΙΣΤΗΣ Α.
Σὺ δὲ νὴ τὸν Ἑρμῆν προσκεκλήσεσθαί γ' ἐμοί,
εἰ μὴ 'ποδώσεις τἀργύριον.
ΣΤΡΕΨΙΑΔΗΣ
Κάτειπέ νυν·
Πότερα νομίζεις καινὸν αἰεὶ τὸν Δία
ὕειν ὕδωρ ἑκάστοτ', ἢ τὸν ἥλιον
ἕλκειν κάτωθεν ταὐτὸ τοῦθ' ὕδωρ πάλιν ;
ΔΑΝΕΙΣΤΗΣ Α.
Οὐκ οἶδ' ἔγωγ' ὁπότερον, οὐδέ μοι μέλει.
ΣΤΡΕΨΙΑΔΗΣ
Πῶς οὖν ἀπολαβεῖν τἀργύριον δίκαιος εἶ,
εἰ μηδὲν οἶσθα τῶν μετεώρων πραγμάτων ;
ΔΑΝΕΙΣΤΗΣ Α.
Ἀλλ' εἰ σπανίζεις τἀργυρίου μοι τὸν τόκον
ἀπόδοτε.
ΣΤΡΕΨΙΑΔΗΣ
Τοῦτο δ' ἔσθ', ὁ τόκος, τί θηρίον ;
ΔΑΝΕΙΣΤΗΣ Α.
Τί δ' ἄλλο γ' ἢ κατὰ μῆνα καὶ καθ' ἡμέραν
πλέον πλέον τἀργύριον αἰεὶ γίγνεται
ὑπορρέοντος τοῦ χρόνου ;
ΣΤΡΕΨΙΑΔΗΣ
Καλῶς λέγεις.
Τί δῆτα ; Τὴν θάλατταν ἔσθ' ὅτι πλείονα
νυνὶ νομίζεις ἢ πρὸ τοῦ ;

ΔΑΝΕΙΣΤΗΣ Α.
Μὰ Δί', ἀλλ' ἴσην.
Οὐ γὰρ δίκαιον πλείον' εἶναι.
ΣΤΡΕΨΙΑΔΗΣ
Κᾆτα πῶς
αὕτη μέν, ὦ κακόδαιμον, οὐδὲν γίγνεται
ἐπιρρεόντων τῶν ποταμῶν πλείων, σὺ δὲ
ζητεῖς ποῆσαι τἀργύριον πλέον τὸ σόν ;
Οὐκ ἀποδιώξει σαυτὸν ἀπὸ τῆς οἰκίας ;
Φέρε μοι τὸ κέντρον.
ΔΑΝΕΙΣΤΗΣ Β.
Ταῦτ' ἐγὼ μαρτύρομαι.
ΣΤΡΕΨΙΑΔΗΣ
Ὕπαγε. Τί μέλλεις ; Οὐκ ἐλᾷς, ὦ σαμφόρα ;
ΔΑΝΕΙΣΤΗΣ Β.
Ταῦτ' οὐχ ὕβρις δῆτ' ἐστίν ;
ΣΤΡΕΨΙΑΔΗΣ
Ἄιξεις ; Ἐφιαλῶ 1300
κεντῶν ὑπὸ τὸν πρωκτόν σε τὸν σειραφόρον.
Φεύγεις ; Ἔμελλόν σ' ἄρα κινήσειν ἐγὼ
αὐτοῖς τροχοῖς τοῖς σοῖσι καὶ ξυνωρίσιν.
ΧΟΡΟΣ
Οἷον τὸ πραγμάτων ἐρᾶν φλαύρων· ὁ γὰρ
γέρων ὅδ' ἐρασθεὶς
ἀποστερῆσαι βούλεται
τὰ χρήμαθ' ἁδανείσατο.
Κοὐκ ἔσθ' ὅπως οὐ τήμερον
λήψεταί τι πρᾶγμ' ὃ τοῦ-
τον ποήσει τὸν σοφι-
στὴν ὧν πανουργεῖν ἤρξατ' ἐξ-
αίφνης λαβεῖν κακόν τι.
Οἶμαι γὰρ αὐτὸν αὐτίχ' εὑρήσειν ὅπερ
πάλαι ποτ' ἐζήτει,
εἶναι τὸν υἱὸν δεινὸν οἱ

γνώμας ἐναντίας λέγειν
τοῖσιν δικαίοις, ὥστε νι-
κᾶν ἅπαντας, οἵσπερ ἂν
ξυγγένηται, κἂν λέγῃ
παμπόνηρ'. Ἴσως δ' ἴσως
βουλήσεται
κἄφωνον αὐτὸν εἶναι.
ΣΤΡΕΨΙΑΔΗΣ
Ἰοὺ ἰού.
Ὦ γείτονες καὶ ξυγγενεῖς καὶ δημόται,
ἀμυνάθετέ μοι τυπτομένῳ πάσῃ τέχνῃ.
Οἴμοι κακοδαίμων τῆς κεφαλῆς καὶ τῆς γνάθου.
Ὦ μιαρέ, τύπτεις τὸν πατέρα ;
ΦΕΙΔΙΠΠΙΔΗΣ
Φήμ', ὦ πάτερ.
ΣΤΡΕΨΙΑΔΗΣ
Ὁρᾶθ' ὁμολογοῦνθ' ὅτι με τύπτει ;
ΦΕΙΔΙΠΠΙΔΗΣ
Καὶ μάλα.
ΣΤΡΕΨΙΑΔΗΣ
Ὦ μιαρὲ καὶ πατραλοῖα καὶ τοιχωρύχε.
ΦΕΙΔΙΠΠΙΔΗΣ
Αὖθίς με ταὐτὰ ταῦτα καὶ πλείω λέγε.
Ἆρ' οἶσθ' ὅτι χαίρω πόλλ' ἀκούων καὶ κακά ;
ΣΤΡΕΨΙΑΔΗΣ
Ὦ λακκόπρωκτε.
ΦΕΙΔΙΠΠΙΔΗΣ
Πάττε πολλοῖς τοῖς ῥόδοις.
ΣΤΡΕΨΙΑΔΗΣ
Τὸν πατέρα τύπτεις ;
ΦΕΙΔΙΠΠΙΔΗΣ
Κἀποφανῶ γε νὴ Δία
ὡς ἐν δίκῃ σ' ἔτυπτον.

ΣΤΡΕΨΙΑΔΗΣ
Ὦ μιαρώτατε,
καὶ πῶς γένοιτ' ἂν πατέρα τύπτειν ἐν δίκῃ ;
ΦΕΙΔΙΠΠΙΔΗΣ
Ἔγωγ' ἀποδείξω καί σε νικήσω λέγων.
ΣΤΡΕΨΙΑΔΗΣ
Τουτὶ σὺ νικήσεις ;
ΦΕΙΔΙΠΠΙΔΗΣ
Πολύ γε καὶ ῥᾳδίως.
ἑλοῦ δ' ὁπότερον τοῖν λόγοιν βούλει λέγειν.
ΣΤΡΕΨΙΑΔΗΣ
Ποίοιν λόγοιν ;
ΦΕΙΔΙΠΠΙΔΗΣ
Τὸν κρείττον' ἢ τὸν ἥττονα.
ΣΤΡΕΨΙΑΔΗΣ
Ἐδιδαξάμην μέντοι σε νὴ Δί', ὦ μέλε,
τοῖσιν δικαίοις ἀντιλέγειν, εἰ ταῦτά γε
μέλλεις ἀναπείσειν, ὡς δίκαιον καὶ καλὸν
τὸν πατέρα τύπτεσθ' ἐστὶν ὑπὸ τῶν υἱέων.
ΦΕΙΔΙΠΠΙΔΗΣ
Ἀλλ' οἴομαι μέντοι σ' ἀναπείσειν, ὥστε γε
οὐδ' αὐτὸς ἀκροασάμενος οὐδὲν ἀντερεῖς.
ΣΤΡΕΨΙΑΔΗΣ
Καὶ μὴν ὅτι καὶ λέξεις ἀκοῦσαι βούλομαι.
ΧΟΡΟΣ
Σὸν ἔργον, ὦ πρεσβῦτα, φροντίζειν ὅπῃ
τὸν ἄνδρα κρατήσεις,
ὡς οὗτος, εἰ μή τῳ 'πεποίθειν, οὐκ ἂν ἦν
οὕτως ἀκόλαστος. 1350
Ἀλλ' ἔσθ' ὅτῳ θρασύνεται· δῆλόν γε τἀνθρώπου '
στι τό λῆμα.
Ἀλλ' ἐξ ὅτου τὸ πρῶτον ἤρξαθ' ἡ μάχη γενέσθαι
ἤδη λέγειν χρὴ πρὸς χορόν· πάντως δὲ τοῦτο δράσεις.

69

ΣΤΡΕΨΙΑΔΗΣ
Καὶ μὴν ὅθεν γε πρῶτον ἠρξάμεσθα λοιδορεῖσθαι
ἐγὼ φράσω. 'πειδὴ γὰρ εἰστιώμεθ', ὥσπερ ἴστε,
πρῶτον μὲν αὐτὸν τὴν λύραν λαβόντ' ἐγὼ 'κέλευσα
ᾆσαι Σιμωνίδου μέλος, τὸν Κριόν, ὡς ἐπέχθη.
Ὁ δ' εὐθέως ἀρχαῖον εἶν' ἔφασκε τὸ κιθαρίζειν
ᾄδειν τε πίνονθ', ὡσπερεὶ κάχρυς γυναῖκ' ἀλοῦσαν.

ΦΕΙΔΙΠΠΙΔΗΣ
Οὐ γὰρ τότ' εὐθὺς χρῆν σ' ἀράττεσθαί τε καὶ πατεῖσθαι,
ᾄδειν κελεύονθ', ὡσπερεὶ τέττιγας ἐστιῶντα;

ΣΤΡΕΨΙΑΔΗΣ
Τοιαῦτα μέντοι καὶ τότ' ἔλεγεν ἔνδον, οἷάπερ νῦν,
καὶ τὸν Σιμωνίδην ἔφασκ' εἶναι κακὸν ποιητήν.
Κἀγὼ μόλις μέν, ἀλλ' ὅμως, ἠνεσχόμην τὸ πρῶτον.
Ἔπειτα δ' ἐκέλευσ' αὐτὸν ἀλλὰ μυρρίνην λαβόντα
τῶν Αἰσχύλου λέξαι τί μοι. Κᾆθ' οὗτος εὐθὺς εἶπεν·
« Ἐγὼ γὰρ Αἰσχύλον νομίζω πρῶτον ἐν ποιηταῖς,
ψόφου πλέων, ἀξύστατον, στόμφακα, κρημνοποιόν.»
Κἀνταῦθα πῶς οἴεσθέ μου τὴν καρδίαν ὀρεχθεῖν;
Ὅμως δὲ τὸν θυμὸν δακὼν ἔφην· « Σὺ δ' ἀλλὰ τούτων
λέξον τι τῶν νεωτέρων, ἅττ' ἐστὶ τὰ σοφὰ ταῦτα.»
Ὁ δ' εὐθὺς ᾖγ' Εὐριπίδου ῥῆσίν τιν', ὡς ἐκίνει
ἀδελφός, ὦ 'λεξίκακε, τὴν ὁμομητρίαν ἀδελφήν.
Κἀγὼ οὐκέτ' ἐξηνεσχόμην, ἀλλ' εὐθέως ἀράττω
πολλοῖς κακοῖς καἰσχροῖσι. Κᾆτ' ἐντεῦθεν, οἷον εἰκός,
ἔπος πρὸς ἔπος ἠρειδόμεσθ'· εἶθ' οὗτος ἐπαναπηδᾷ,
κἄπειτ' ἔφλα με κἀσπόδει κἄπνιγε κἀπέτριβεν.

ΦΕΙΔΙΠΠΙΔΗΣ
Οὔκουν δικαίως, ὅστις οὐκ Εὐριπίδην ἐπαινεῖς,
σοφώτατον;

ΣΤΡΕΨΙΑΔΗΣ
Σοφώτατον γ' ἐκεῖνον, ὦ_τί σ' εἴπω;
Ἀλλ' αὖθις αὖ τυπτήσομαι.

ΦΕΙΔΙΠΠΙΔΗΣ
Νὴ τὸν Δί', ἐν δίκῃ γ' ἄν.
ΣΤΡΕΨΙΑΔΗΣ
Καὶ πῶς δικαίως ; Ὅστις ὦ 'ναίσχυντέ σ' ἐξέθρεψα
αἰσθανόμενός σου πάντα τραυλίζοντος, ὅτι νοοίης.
Εἰ μέν γε βρῦν εἴποις, ἐγὼ γνοὺς ἂν πιεῖν ἐπέσχον·
μαμμᾶν δ' ἂν αἰτήσαντος, ἧκόν σοι φέρων ἂν ἄρτον·
κακκᾶν δ' ἂν οὐκ ἔφθης φράσας, κἀγὼ λαβὼν θύραζε
ἐξέφερον ἂν καὶ προυσχόμην σε. Σὺ δέ με νῦν ἀπάγχων,
βοῶντα καὶ κεκραγόθ' ὅτι
χεζητιῴην, οὐκ ἔτλης
ἔξω 'ξενεγκεῖν, ὦ μιαρέ,
θύραζέ μ', ἀλλὰ πνιγόμενος
αὐτοῦ 'πόησα κακκᾶν.
ΧΟΡΟΣ
Οἶμαί γε τῶν νεωτέρων τὰς καρδίας
πηδᾶν ὅτι λέξει.
Εἰ γὰρ τοιαῦτά γ' οὗτος ἐξειργασμένος
λαλῶν ἀναπείσει,
τὸ δέρμα τῶν γεραιτέρων λάβοιμεν ἂν
ἀλλ' οὐδ' ἐρεβίνθου.
Σὸν ἔργον, ὦ καινῶν ἐπῶν κινητὰ καὶ μοχλευτά,
πειθώ τινα ζητεῖν, ὅπως δόξεις λέγειν δίκαια.
ΦΕΙΔΙΠΠΙΔΗΣ
Ὡς ἡδὺ καινοῖς πράγμασιν καὶ δεξιοῖς ὁμιλεῖν 1400
καὶ τῶν καθεστώτων νόμων ὑπερφρονεῖν δύνασθαι.
Ἐγὼ γὰρ ὅτε μὲν ἱππικῇ τὸν νοῦν μόνῃ προσεῖχον,
οὐδ' ἂν τρί' εἰπεῖν ῥήμαθ' οἷός τ' ἦν πρὶν ἐξαμαρτεῖν·
νυνὶ δ', ἐπειδή μ' οὑτοσὶ τούτων ἔπαυσεν αὐτός,
γνώμαις δὲ λεπταῖς καὶ λόγοις ξύνειμι καὶ μερίμναις,
οἶμαι διδάξειν ὡς δίκαιον τὸν πατέρα κολάζειν.
ΣΤΡΕΨΙΑΔΗΣ
Ἵππευε τοίνυν νὴ Δί', ὡς ἔμοιγε κρεῖττόν ἐστιν
ἵππων τρέφειν τέθριππον ἢ τυπτόμενον ἐπιτριβῆναι.

ΦΕΙΔΙΠΠΙΔΗΣ
Ἐκεῖσε δ' ὅθεν ἀπέσχισάς με τοῦ λόγου μέτειμι,
καὶ πρῶτ' ἐρήσομαί σε τουτί· παῖδά μ' ὄντ' ἔτυπτες;
ΣΤΡΕΨΙΑΔΗΣ
Ἔγωγέ σ', εὐνοῶν τε καὶ κηδόμενος.
ΦΕΙΔΙΠΠΙΔΗΣ
Εἰπὲ δή μοι,
οὐ κἀμὲ σοὶ δίκαιόν ἐστιν εὐνοεῖν ὁμοίως
τύπτειν τ', ἐπειδήπερ γε τοῦτ' ἔστ' εὐνοεῖν, τὸ τύπτειν;
Πῶς γὰρ τὸ μὲν σὸν σῶμα χρὴ πληγῶν ἀθῷον εἶναι,
τοὐμὸν δὲ μή; Καὶ μὴν ἔφυν ἐλεύθερός γε κἀγώ.
« Κλάουσι παῖδες, πατέρα δ' οὐ κλάειν δοκεῖς; »
Φήσεις νομίζεσθαι σὺ παιδὸς τοῦτο τοὔργον εἶναι·
ἐγὼ δέ γ' ἀντείποιμ' ἂν ὡς δὶς παῖδες οἱ γέροντες.
Εἰκός τε μᾶλλον τοὺς γέροντας ἢ νέους τι κλάειν,
ὅσῳπερ ἐξαμαρτάνειν ἧττον δίκαιον αὐτούς.
ΣΤΡΕΨΙΑΔΗΣ
Ἀλλ' οὐδαμοῦ νομίζεται τὸν πατέρα τοῦτο πάσχειν.
ΦΕΙΔΙΠΠΙΔΗΣ
Οὔκουν ἀνὴρ ὁ τὸν νόμον θεὶς τοῦτον ἦν τὸ πρῶτον,
ὥσπερ σὺ κἀγώ, καὶ λέγων ἔπειθε τοὺς παλαιούς;
Ἧττόν τι δῆτ' ἔξεστι κἀμοὶ καινὸν αὖ τὸ λοιπὸν
θεῖναι νόμον τοῖς υἱέσιν, τοὺς πατέρας ἀντιτύπτειν;
Ὅσας δὲ πληγὰς εἴχομεν πρὶν τὸν νόμον τεθῆναι,
ἀφίεμεν, καὶ δίδομεν αὐτοῖς προῖκα συγκεκόφθαι.
Σκέψαι δὲ τοὺς ἀλεκτρυόνας καὶ τἄλλα τὰ βοτὰ ταυτί,
ὡς τοὺς πατέρας ἀμύνεται· καίτοι τί διαφέρουσιν
ἡμῶν ἐκεῖνοι, πλήν γ' ὅτι ψηφίσματ' οὐ γράφουσιν;
ΣΤΡΕΨΙΑΔΗΣ
Τί δῆτ', ἐπειδὴ τοὺς ἀλεκτρυόνας ἅπαντα μιμεῖ,
οὐκ ἐσθίεις καὶ τὴν κόπρον κἀπὶ ξύλου καθεύδεις;
ΦΕΙΔΙΠΠΙΔΗΣ
Οὐ ταὐτόν, ὦ τᾶν, ἐστίν, οὐδ' ἂν Σωκράτει δοκοίη.

ΣΤΡΕΨΙΑΔΗΣ
Πρὸς ταῦτα μὴ τύπτ'· εἰ δὲ μή, σαυτόν ποτ' αἰτιάσει.
ΦΕΙΔΙΠΠΙΔΗΣ
Καὶ πῶς;
ΣΤΡΕΨΙΑΔΗΣ
Ἐπεὶ σὲ μὲν δίκαιός εἰμ' ἐγὼ κολάζειν,
σὺ δ', ἢν γένηταί σοι, τὸν υἱόν.
ΦΕΙΔΙΠΠΙΔΗΣ
Ἢν δὲ μὴ γένηται,
μάτην ἐμοὶ κεκλαύσεται, σὺ δ' ἐγχανὼν τεθνήξεις.
ΣΤΡΕΨΙΑΔΗΣ
Ἐμοὶ μέν, ὦνδρες ἥλικες, δοκεῖ λέγειν δίκαια,
κἄμοιγε συγχωρεῖν δοκεῖ τούτοισι τἀπιεικῆ·
κλάειν γὰρ ἡμᾶς εἰκός ἐστ', ἢν μὴ δίκαια δρῶμεν.
ΦΕΙΔΙΠΠΙΔΗΣ
Σκέψαι δὲ χἀτέραν ἔτι γνώμην.
ΣΤΡΕΨΙΑΔΗΣ
Ἀπὸ γὰρ ὀλοῦμαι.
ΦΕΙΔΙΠΠΙΔΗΣ
Καὶ μὴν ἴσως γ' οὐκ ἀχθέσει παθὼν ἃ νῦν πέπονθας.
ΣΤΡΕΨΙΑΔΗΣ
Πῶς δή; Δίδαξον γὰρ τί μ' ἐκ τούτων ἐπωφελήσεις.
ΦΕΙΔΙΠΠΙΔΗΣ
Τὴν μητέρ' ὥσπερ καὶ σὲ τυπτήσω.
ΣΤΡΕΨΙΑΔΗΣ
Τί φής, τί φῂς σύ;
Τοῦθ' ἕτερον αὖ μεῖζον κακόν.
ΦΕΙΔΙΠΠΙΔΗΣ
Τί δ' ἢν ἔχων τὸν ἥττω
λόγον σε νικήσω λέγων
τὴν μητέρ' ὡς τύπτειν χρεών;
ΣΤΡΕΨΙΑΔΗΣ
Τί δ' ἄλλο γ' ἤ, ταῦτ' ἢν ποιῇς,
οὐδέν σε κωλύσει σεαυτὸν ἐμβαλεῖν εἰς τὸ

βάραθρον 1450
μετὰ Σωκράτους
καὶ τὸν λόγον τὸν ἥττω ;
Ταυτὶ δι' ὑμᾶς, ὦ Νεφέλαι, πέπονθ' ἐγώ,
ὑμῖν ἀναθεὶς ἅπαντα τἀμὰ πράγματα.
ΧΟΡΟΣ
Αὐτὸς μὲν οὖν σαυτῷ σὺ τούτων αἴτιος,
στρέψας σεαυτὸν εἰς πονηρὰ πράγματα.
ΣΤΡΕΨΙΑΔΗΣ
Τί δῆτα ταῦτ' οὔ μοι τότ' ἠγορεύετε,
ἀλλ' ἄνδρ' ἄγροικον καὶ γέροντ' ἐπήρατε ;
ΧΟΡΟΣ
Ἡμεῖς ποιοῦμεν ταῦθ' ἑκάστοθ', ὅντιν' ἂν
γνῶμεν πονηρῶν ὄντ' ἐραστὴν πραγμάτων,
ἕως ἂν αὐτὸν ἐμβάλωμεν εἰς κακόν,
ὅπως ἂν εἰδῇ τοὺς θεοὺς δεδοικέναι.
ΣΤΡΕΨΙΑΔΗΣ
Ὤμοι,

Λυσιστράτη

Λυσιστράτη
ἀλλ' εἴ τις ἐς Βακχεῖον αὐτὰς ἐκάλεσεν,
ἢ 'ς Πανὸς ἢ 'πὶ Κωλιάδ' ἢ 'ς Γενετυλλίδος,
οὐδ' ἂν διελθεῖν ἦν ἂν ὑπὸ τῶν τυμπάνων.
νῦν δ' οὐδεμία πάρεστιν ἐνταυθοῖ γυνή·
πλὴν ἥ γ' ἐμὴ κωμῆτις ἥδ' ἐξέρχεται. 5
χαῖρ' ὦ Καλονίκη.
Καλονίκη
καὶ σύ γ' ὦ Λυσιστράτη.
τί συντετάραξαι; μὴ σκυθρώπαζ' ὦ τέκνον.
οὐ γὰρ πρέπει σοι τοξοποιεῖν τὰς ὀφρῦς.
Λυσιστράτη
ἀλλ' ὦ Καλονίκη κάομαι τὴν καρδίαν,
καὶ πόλλ' ὑπὲρ ἡμῶν τῶν γυναικῶν ἄχθομαι, 10
ὁτιὴ παρὰ μὲν τοῖς ἀνδράσιν νενομίσμεθα
εἶναι πανοῦργοι--
Καλονίκη
καὶ γάρ ἐσμεν νὴ Δία.
Λυσιστράτη
εἰρημένον δ' αὐταῖς ἀπαντᾶν ἐνθάδε
βουλευσομέναισιν οὐ περὶ φαύλου πράγματος,
εὕδουσι κοὺχ ἥκουσιν. 15
Καλονίκη
ἀλλ' ὦ φιλτάτη
ἥξουσι· χαλεπή τοι γυναικῶν ἔξοδος.
ἡ μὲν γὰρ ἡμῶν περὶ τὸν ἄνδρ' ἐκύπτασεν,

75

ἡ δ' οἰκέτην ἤγειρεν, ἡ δὲ παιδίον
κατέκλινεν, ἡ δ' ἔλουσεν, ἡ δ' ἐψώμισεν.
Λυσιστράτη
ἀλλ' ἕτερά τἄρ' ἦν τῶνδε προὐργιαίτερα 20
αὑταῖς.
Καλονίκη
τί δ' ἐστὶν ὦ φίλη Λυσιστράτη,
ἐφ' ὅ τι ποθ' ἡμᾶς τὰς γυναῖκας συγκαλεῖς;
τί τὸ πρᾶγμα; πηλίκον τι;
Λυσιστράτη
μέγα.
Καλονίκη
μῶν καὶ παχύ;
Λυσιστράτη
καὶ νὴ Δία παχύ.
Καλονίκη
κᾆτα πῶς οὐχ ἥκομεν;
Λυσιστράτη
οὐχ οὗτος ὁ τρόπος· ταχὺ γὰρ ἂν ξυνήλθομεν. 25
ἀλλ' ἔστιν ὑπ' ἐμοῦ πρᾶγμ' ἀνεζητημένον
πολλαῖσί τ' ἀγρυπνίαισιν ἐρριπτασμένον.
Καλονίκη
ἦ πού τι λεπτόν ἐστι τοὐρριπτασμένον.
Λυσιστράτη
οὕτω γε λεπτὸν ὥσθ' ὅλης τῆς Ἑλλάδος
ἐν ταῖς γυναιξίν ἐστιν ἡ σωτηρία. 30
Καλονίκη
ἐν ταῖς γυναιξίν; ἐπ' ὀλίγου γ' ὠχεῖτ' ἄρα.
Λυσιστράτη
ὡς ἔστ' ἐν ἡμῖν τῆς πόλεως τὰ πράγματα,
ἢ μηκέτ' εἶναι μήτε Πελοποννησίους--
Καλονίκη
βέλτιστα τοίνυν μηκέτ' εἶναι νὴ Δία.

Λυσιστράτη
Βοιωτίους τε πάντας ἐξολωλέναι. 35
Καλονίκη
μὴ δῆτα πάντας γ', ἀλλ' ἄφελε τὰς ἐγχέλεις.
Λυσιστράτη
περὶ τῶν Ἀθηνῶν δ' οὐκ ἐπιγλωττήσομαι
τοιοῦτον οὐδέν· ἀλλ' ὑπονόησον σύ μοι.
ἢν δὲ ξυνέλθωσ' αἱ γυναῖκες ἐνθάδε
αἵ τ' ἐκ Βοιωτῶν αἵ τε Πελοποννησίων 40
ἡμεῖς τε, κοινῇ σώσομεν τὴν Ἑλλάδα.
Καλονίκη
τί δ' ἂν γυναῖκες φρόνιμον ἐργασαίατο
ἢ λαμπρόν, αἲ καθήμεθ' ἐξηνθισμέναι,
κροκωτοφοροῦσαι καὶ κεκαλλωπισμέναι
καὶ Κιμμερίκ' ὀρθοστάδια καὶ περιβαρίδας; 45
Λυσιστράτη
ταῦτ' αὐτὰ γάρ τοι κἄσθ' ἃ σώσειν προσδοκῶ,
τὰ κροκωτίδια καὶ τὰ μύρα χαί περιβαρίδες
χἤγχουσα καὶ τὰ διαφανῆ χιτώνια.
Καλονίκη
τίνα δὴ τρόπον ποθ';
Λυσιστράτη
ὥστε τῶν νῦν μηδένα
ἀνδρῶν ἐπ' ἀλλήλοισιν ἄρεσθαι δόρυ-- 50
Καλονίκη
κροκωτὸν ἄρα νὴ τὼ θεὼ 'γὼ βάψομαι.
Λυσιστράτη
μηδ' ἀσπίδα λαβεῖν--
Καλονίκη
Κιμμερικὸν ἐνδύσομαι.
Λυσιστράτη
μηδὲ ξιφίδιον.
Καλονίκη
κτήσομαι περιβαρίδας.

Λυσιστράτη
ἆρ' οὐ παρεῖναι τὰς γυναῖκας δῆτ' ἐχρῆν;
Καλονίκη
οὐ γὰρ μὰ Δί' ἀλλὰ πετομένας ἥκειν πάλαι. 55
Λυσιστράτη
ἀλλ' ὦ μέλ' ὄψει τοι σφόδρ' αὐτὰς Ἀττικάς,
ἅπαντα δρώσας τοῦ δέοντος ὕστερον.
ἀλλ' οὐδὲ Παράλων οὐδεμία γυνὴ πάρα,
οὐδ' ἐκ Σαλαμῖνος.
Καλονίκη
ἀλλ' ἐκεῖναί γ' οἶδ' ὅτι
ἐπὶ τῶν κελήτων διαβεβήκασ' ὄρθριαι. 60
Λυσιστράτη
οὐδ' ἃς προσεδόκων κἀλογιζόμην ἐγὼ
πρώτας παρέσεσθαι δεῦρο τὰς Ἀχαρνέων
γυναῖκας, οὐχ ἥκουσιν.
Καλονίκη
ἡ γοῦν Θεογένους
ὡς δεῦρ' ἰοῦσα θοὐκάταιον ἤρετο.
ἀτὰρ αἵδε καὶ δή σοι προσέρχονταί τινες. 65
Λυσιστράτη
αἰδί θ' ἕτεραι χωροῦσί τινες.
Καλονίκη
ἰοὺ ἰού,
πόθεν εἰσίν;
Λυσιστράτη
Ἀναγυρουντόθεν.
Καλονίκη
νὴ τὸν Δία·
ὁ γοῦν ἀνάγυρός μοι κεκινῆσθαι δοκεῖ.
Μυρρίνη
μῶν ὕστεραι πάρεσμεν ὦ Λυσιστράτη;
τί φῄς; τί σιγᾷς; 70

Λυσιστράτη
οὔ σ' ἐπαινῶ Μυρρίνη
ἤκουσαν ἄρτι περὶ τοιούτου πράγματος.
Μυρρίνη
μόλις γὰρ ηὗρον ἐν σκότῳ τὸ ζώνιον.
ἀλλ' εἴ τι πάνυ δεῖ, ταῖς παρούσαισιν λέγε.
Λυσιστράτη
μὰ Δί' ἀλλ' ἐπαναμείνωμεν ὀλίγου γ' οὕνεκα
τάς τ' ἐκ Βοιωτῶν τάς τε Πελοποννησίων 75
γυναῖκας ἐλθεῖν.
Μυρρίνη
πολὺ σὺ κάλλιον λέγεις.
ἡδὶ δὲ καὶ δὴ Λαμπιτὼ προσέρχεται.
Λυσιστράτη
ὦ φιλτάτη Λάκαινα χαῖρε Λαμπιτοῖ.
οἷον τὸ κάλλος γλυκυτάτη σου φαίνεται.
ὡς δ' εὐχροεῖς, ὡς δὲ σφριγᾷ τὸ σῶμά σου. 80
κἂν ταῦρον ἄγχοις.
Λαμπιτώ
μάλα γ' οἰῶ ναὶ τὼ σιώ·
γυμνάδδομαι γὰρ καὶ ποτὶ πυγὰν ἄλλομαι.
Καλονίκη
ὡς δὴ καλὸν τὸ χρῆμα τιτθίων ἔχεις.
Λαμπιτώ
περ ἰερεῖόν τοί μ' ὑποψαλάσσετε.
Λυσιστράτη
ἡδὶ δὲ ποδαπή 'σθ' ἡ νεᾶνις ἡτέρα; 85
Λαμπιτώ
πρέσβειρά τοι ναὶ τὼ σιὼ Βοιωτία
ἵκει ποθ' ὑμέ.
Μυρρίνη
νὴ μὰ Δία Βοιωτία,
καλόν γ' ἔχουσα τὸ πεδίον.

Καλονίκη
καὶ νὴ Δία
κομψότατα τὴν βληχώ γε παρατετιλμένη.
Λυσιστράτη
τίς δ' ἡτέρα παῖς; 90
Λαμπιτῶ
χαῖα ναὶ τὼ σιώ,
Κορινθία δ' αὖ.
Καλονίκη
χαῖα νὴ τὸν Δία
δήλη 'στὶν οὖσα ταυταγὶ τάντευθενί.
Λαμπιτῶ
τίς δ' αὖ ξυναλίαξε τόνδε τὸν στόλον
τὸν τᾶν γυναικῶν;
Λυσιστράτη
ἤδ' ἐγώ.
Λαμπιτῶ
μύσιδδέ τοι
ὅ τι λῇς ποθ' ἁμέ. 95
Καλονίκη
νὴ Δί' ὦ φίλη γύναι,
λέγε δῆτα τὸ σπουδαῖον ὅ τι τοῦτ' ἐστί σοι.
Λυσιστράτη
λέγοιμ' ἂν ἤδη. πρὶν λέγειν <δ'>, ὑμᾶς τοδὶ
ἐπερήσομαί τι μικρόν.
Καλονίκη
ὅ τι βούλει γε σύ.
Λυσιστράτη
τοὺς πατέρας οὐ ποθεῖτε τοὺς τῶν παιδίων
ἐπὶ στρατιᾶς ἀπόντας; εὖ γὰρ οἶδ' ὅτι 100
πάσαισιν ὑμῖν ἐστιν ἀποδημῶν ἀνήρ.
Καλονίκη
ὁ γοῦν ἐμὸς ἀνὴρ πέντε μῆνας ὦ τάλαν
ἄπεστιν ἐπὶ Θρᾴκης φυλάττων Εὐκράτη.

Μυρρίνη
ὁ δ' ἐμός γε τελέους ἑπτὰ μῆνας ἐν Πύλῳ.
Λαμπιτῶ
ὁ δ' ἐμός γα καί κ' ἐκ τᾶς ταγᾶς ἔλσῃ ποκά, 105
πορπακισάμενος φροῦδος ἀμπτάμενος ἔβα.
Λυσιστράτη
ἀλλ' οὐδὲ μοιχοῦ καταλέλειπται φεψάλυξ.
ἐξ οὗ γὰρ ἡμᾶς προὔδοσαν Μιλήσιοι,
οὐκ εἶδον οὐδ' ὄλισβον ὀκτωδάκτυλον,
ὃς ἦν ἂν ἡμῖν σκυτίνη 'πικουρία. 110
ἐθέλοιτ' ἂν οὖν, εἰ μηχανὴν εὕροιμ' ἐγώ,
μετ' ἐμοῦ καταλῦσαι τὸν πόλεμον;
Καλονίκη
νὴ τὼ θεώ·
ἔγωγ' ἂν <οὖν> κἂν εἴ με χρείη τοὔγκυκλον
τουτὶ καταθεῖσαν ἐκπιεῖν αὐθημερόν.
Μυρρίνη
ἐγὼ δέ γ' ἂν κἂν ὡσπερεὶ ψῆτταν δοκῶ 115
δοῦναι ἂν ἐμαυτῆς παρατεμοῦσα θἤμισυ.
Λαμπιτῶ
ἐγὼ δὲ καί κα ποττὸ Ταΰγετόν γ' ἄνω
ἔλσοιμ' ὄπᾳ μέλλοιμί γ' εἰράναν ἰδεῖν.
Λυσιστράτη
λέγοιμ' ἄν· οὐ δεῖ γὰρ κεκρύφθαι τὸν λόγον.
ἡμῖν γὰρ ὦ γυναῖκες, εἴπερ μέλλομεν 120
ἀναγκάσειν τοὺς ἄνδρας εἰρήνην ἄγειν,
ἀφεκτέ' ἐστὶ--
Καλονίκη
τοῦ; φράσον.
Λυσιστράτη
ποιήσετ' οὖν;
Καλονίκη
ποιήσομεν, κἂν ἀποθανεῖν ἡμᾶς δέῃ.

Λυσιστράτη
ἀφεκτέα τοίνυν ἐστὶν ἡμῖν τοῦ πέους.
τί μοι μεταστρέφεσθε; ποῖ βαδίζετε; 125
αὗται τί μοιμυᾶτε κἀνανεύετε;
τί χρὼς τέτραπται; τί δάκρυον κατείβεται;
ποιήσετ' ἢ οὐ ποιήσετ'; ἢ τί μέλλετε;
Καλονίκη
οὐκ ἂν ποιήσαιμ', ἀλλ' ὁ πόλεμος ἑρπέτω.
Μυρρίνη
μὰ Δί' οὐδ' ἐγὼ γάρ, ἀλλ' ὁ πόλεμος ἑρπέτω. 130
Λυσιστράτη
ταυτὶ σὺ λέγεις ὦ ψῆττα; καὶ μὴν ἄρτι γε
ἔφησθα σαυτῆς κἂν παρατεμεῖν θἤμισυ.
Καλονίκη
ἄλλ' ἄλλ' ὅ τι βούλει· κἂν με χρῇ διὰ τοῦ πυρὸς
ἐθέλω βαδίζειν· τοῦτο μᾶλλον τοῦ πέους.
οὐδὲν γὰρ οἷον ὦ φίλη Λυσιστράτη. 135
Λυσιστράτη
τί δαὶ σύ;
Ἄλλη
κἀγὼ βούλομαι διὰ τοῦ πυρός.
Λυσιστράτη
ὦ παγκατάπυγον θἠμέτερον ἅπαν γένος,
οὐκ ἐτὸς ἀφ' ἡμῶν εἰσιν αἱ τραγῳδίαι.
οὐδὲν γάρ ἐσμεν πλὴν Ποσειδῶν καὶ σκάφη.

ἀλλ' ὦ φίλη Λάκαινα, σὺ γὰρ ἐὰν γένῃ 140
μόνη μετ' ἐμοῦ, τὸ πρᾶγμ' ἀνασωσαίμεσθ' ἔτ' <ἄν>,
ξυμψήφισαί μοι.
Λαμπιτῶ
χαλεπὰ μὲν ναὶ τὼ σιὼ
γυναῖκάς ἐσθ' ὕπνων ἄνευ ψωλᾶς μόνας.
ὅμως γα μάν· δεῖ τᾶς γὰρ εἰράνας μάλ' αὖ.

Λυσιστράτη
ὦ φιλτάτη σὺ καὶ μόνη τούτων γυνή. 145
Καλονίκη
εἰ δ' ὡς μάλιστ' ἀπεχοίμεθ' οὗ σὺ δὴ λέγεις,
ὃ μὴ γένοιτο, μᾶλλον ἂν διὰ τουτογὶ
γένοιτ' ἂν εἰρήνη;
Λυσιστράτη
πολύ γε νὴ τὼ θεώ.
εἰ γὰρ καθοίμεθ' ἔνδον ἐντετριμμέναι,

κἂν τοῖς χιτωνίοισι τοῖς Ἀμοργίνοις 150
γυμναὶ παρίοιμεν δέλτα παρατετιλμέναι,
στύοιντο δ' ἄνδρες κἀπιθυμοῖεν σπλεκοῦν,
ἡμεῖς δὲ μὴ προσίοιμεν ἀλλ' ἀπεχοίμεθα,
σπονδὰς ποιήσαιντ' ἂν ταχέως, εὖ οἶδ' ὅτι.
Λαμπιτῶ
ὁ γῶν Μενέλαος τᾶς Ἑλένας τὰ μᾶλά πᾳ 155
γυμνᾶς παραϊδὼν ἐξέβαλ', οἰῶ, τὸ ξίφος.
Καλονίκη
τί δ' ἢν ἀφιῶσ' ἄνδρες ἡμᾶς ὦ μέλε;
Λυσιστράτη
τὸ τοῦ Φερεκράτους, κύνα δέρειν δεδαρμένην.
Καλονίκη
φλυαρία ταῦτ' ἐστὶ τὰ μεμιμημένα.
ἐὰν λαβόντες δ' ἐς τὸ δωμάτιον βίᾳ 160
ἕλκωσιν ἡμᾶς;
Λυσιστράτη
ἀντέχου σὺ τῶν θυρῶν.
Καλονίκη
ἐὰν δὲ τύπτωσιν;
Λυσιστράτη
παρέχειν χρὴ κακὰ κακῶς.
οὐ γὰρ ἔνι τούτοις ἡδονὴ τοῖς πρὸς βίαν.
κἄλλως ὀδυνᾶν χρή· κἀμέλει ταχέως πάνυ

ἀπεροῦσιν. οὐ γὰρ οὐδέποτ' εὐφρανθήσεται 165
ἀνήρ, ἐὰν μὴ τῇ γυναικὶ συμφέρῃ.
Καλονίκη
εἴ τοι δοκεῖ σφῷν ταῦτα, χἠμῖν ξυνδοκεῖ.
Λαμπιτώ
καὶ τὼς μὲν ἁμῶν ἄνδρας ἁμὲς πείσομες
παντᾷ δικαίως ἄδολον εἰράναν ἄγειν·
τὸν τῶν Ἀσαναίων γα μὰν ῥυάχετον 170
πᾷ κά τις ἀμπείσειεν αὖ μὴ πλαδδιῆν;
Λυσιστράτη
ἡμεῖς ἀμέλει σοι τά γε παρ' ἡμῖν πείσομεν.
Λαμπιτώ
οὐχ ᾆς πόδας κ' ἔχωντι ταὶ τριήρεες,
καὶ τὠργύριον τὤβυσσον ᾖ πὰρ τᾷ σιῷ.
Λυσιστράτη
ἀλλ' ἔστι καὶ τοῦτ' εὖ παρεσκευασμένον· 175
καταληψόμεθα γὰρ τὴν ἀκρόπολιν τήμερον.
ταῖς πρεσβυτάταις γὰρ προστέτακται τοῦτο δρᾶν,
ἕως ἂν ἡμεῖς ταῦτα συντιθώμεθα,
θύειν δοκούσαις καταλαβεῖν τὴν ἀκρόπολιν.
Λαμπιτώ
παντᾷ κ' ἔχοι, καὶ τᾷδε γὰρ λέγεις καλῶς. 180
Λυσιστράτη
τί δῆτα ταῦτ' οὐχ ὡς τάχιστ' ὦ Λαμπιτοῖ
ξυνωμόσαμεν, ὅπως ἂν ἀρρήκτως ἔχῃ;
Λαμπιτώ
πάρφαινε μὰν τὸν ὅρκον, ὡς ὀμιόμεθα.
Λυσιστράτη
καλῶς λέγεις. ποῦ 'σθ' ἡ Σκύθαινα; ποῖ βλέπεις;

θὲς ἐς τὸ πρόσθεν ὑπτίαν τὴν ἀσπίδα, 185
καί μοι δότω τὰ τόμιά τις.
Καλονίκη
Λυσιστράτη

τίν' ὅρκον ὀρκώσεις ποθ' ἡμᾶς;
Λυσιστράτη
ὅντινα;
εἰς ἀσπίδ', ὥσπερ φάσ' ἐν Αἰσχύλῳ ποτέ,
μηλοσφαγούσας.
Καλονίκη
μὴ σύ γ' ὦ Λυσιστράτη
εἰς ἀσπίδ' ὀμόσῃς μηδὲν εἰρήνης πέρι. 190
Λυσιστράτη
τίς ἂν οὖν γένοιτ' ἂν ὅρκος;
Καλονίκη
εἰ λευκόν ποθεν
ἵππον λαβοῦσαι τόμιον ἐντεμοίμεθα.
Λυσιστράτη
ποῖ λευκὸν ἵππον;
Καλονίκη
ἀλλὰ πῶς ὀμούμεθα
ἡμεῖς;
Λυσιστράτη
ἐγώ σοι νὴ Δί', ἢν βούλῃ, φράσω.

θεῖσαι μέλαιναν κύλικα μεγάλην ὑπτίαν, 195
μηλοσφαγοῦσαι Θάσιον οἴνου σταμνίον
ὀμόσωμεν ἐς τὴν κύλικα μὴ 'πιχεῖν ὕδωρ.
Λαμπιτώ
φεῦ δᾶ τὸν ὅρκον ἄφατον ὡς ἐπαινίω.
Λυσιστράτη
φερέτω κύλικά τις ἔνδοθεν καὶ σταμνίον.
Μυρρίνη
ὦ φίλταται γυναῖκες, <ὁ> κεραμεὼν ὅσος. 200
Καλονίκη
ταύτην μὲν ἄν τις εὐθὺς ἡσθείη λαβών.
Λυσιστράτη
καταθεῖσα ταύτην προσλαβοῦ μοι τοῦ κάπρου.

δέσποινα Πειθοῖ καὶ κύλιξ φιλοτησία,
τὰ σφάγια δέξαι ταῖς γυναιξὶν εὐμενής.
Καλονίκη
εὔχρων γε θαῖμα κἀποπυτίζει καλῶς. 205
Λαμπιτῶ
καὶ μὰν ποτόδδει γ' ἁδὺ ναὶ τὸν Κάστορα.
Μυρρίνη
ἐᾶτε πρώτην μ' ὦ γυναῖκες ὀμνύναι.
Καλονίκη
μὰ τὴν Ἀφροδίτην οὔκ, ἐάν γε μὴ λάχῃς.
Λυσιστράτη
λάζυσθε πᾶσαι τῆς κύλικος ὦ Λαμπιτοῖ·
λεγέτω δ' ὑπὲρ ὑμῶν μί' ἅπερ ἂν κἀγὼ λέγω· 210
ὑμεῖς δ' ἐπομεῖσθε ταὐτὰ κἀμπεδώσετε.
οὐκ ἔστιν οὐδεὶς οὔτε μοιχὸς οὔτ' ἀνήρ--
Καλονίκη
οὐκ ἔστιν οὐδεὶς οὔτε μοιχὸς οὔτ' ἀνήρ--
Λυσιστράτη
ὅστις πρὸς ἐμὲ πρόσεισιν ἐστυκώς. λέγε.
Καλονίκη
ὅστις πρὸς ἐμὲ πρόσεισιν ἐστυκώς. Παπαῖ 215
ὑπολύεταί μου τὰ γόνατ' ὦ Λυσιστράτη.
Λυσιστράτη
οἴκοι δ' ἀταυρώτη διάξω τὸν βίον--
Καλονίκη
οἴκοι δ' ἀταυρώτη διάξω τὸν βίον--
Λυσιστράτη
κροκωτοφοροῦσα καὶ κεκαλλωπισμένη,--
Καλονίκη
κροκωτοφοροῦσα καὶ κεκαλλωπισμένη,- 220
Λυσιστράτη
ὅπως ἂν ἀνὴρ ἐπιτυφῇ μάλιστά μου·
Καλονίκη
ὅπως ἂν ἀνὴρ ἐπιτυφῇ μάλιστά μου·

Λυσιστράτη
κούδέποθ' έκοῦσα τάνδρὶ τώμῷ πείσομαι.
Καλονίκη
κούδέποθ' έκοῦσα τάνδρὶ τώμῷ πείσομαι.
Λυσιστράτη
έὰν δέ μ' ἄκουσαν βιάζηται βίᾳ,-- 225
Καλονίκη
έὰν δέ μ' ἄκουσαν βιάζηται βίᾳ,--
Λυσιστράτη
κακῶς παρέξω κούχὶ προσκινήσομαι.
Καλονίκη
κακῶς παρέξω κούχὶ προσκινήσομαι.
Λυσιστράτη
ού πρὸς τὸν ὅροφον άνατενῶ τὼ Περσικά.
Καλονίκη
ού πρὸς τὸν ὅροφον άνατενῶ τὼ Περσικά. 230
Λυσιστράτη
ού στήσομαι λέαιν' έπὶ τυροκνήστιδος.
Καλονίκη
ού στήσομαι λέαιν' έπὶ τυροκνήστιδος.
Λυσιστράτη
ταῦτ' έμπεδοῦσα μὲν πίοιμ' έντευθενί·
Καλονίκη
ταῦτ' έμπεδοῦσα μὲν πίοιμ' έντευθενί·
Λυσιστράτη
εί δὲ παραβαίην, ὕδατος έμπλῇθ' ἡ κύλιξ. 235
Καλονίκη
εί δὲ παραβαίην, ὕδατος έμπλῇθ' ἡ κύλιξ.
Λυσιστράτη
συνεπόμνυθ' ὑμεῖς ταῦτα πᾶσαι;
Πᾶσαι
νὴ Δία.
Λυσιστράτη
φέρ' έγὼ καθαγίσω τήνδε.

87

Καλονίκη
τὸ μέρος γ' ὦ φίλη,
ὅπως ἂν ὦμεν εὐθὺς ἀλλήλων φίλαι.
Λαμπιτώ
τίς ὠλολυγά; 240
Λυσιστράτη
τοῦτ' ἐκεῖν' οὑγὼ 'λεγον·
αἱ γὰρ γυναῖκες τὴν ἀκρόπολιν τῆς θεοῦ
ἤδη κατειλήφασιν. ἀλλ' ὦ Λαμπιτοῖ
σὺ μὲν βάδιζε καὶ τὰ παρ' ὑμῶν εὖ τίθει,
τασδὶ δ' ὀμήρους κατάλιφ' ἡμῖν ἐνθάδε·
ἡμεῖς δὲ ταῖς ἄλλαισι ταῖσιν ἐν πόλει 245
ξυνεμβάλωμεν εἰσιοῦσαι τοὺς μοχλούς.
Καλονίκη
οὔκουν ἐφ' ἡμᾶς ξυμβοηθήσειν οἴει
τοὺς ἄνδρας εὐθύς;
Λυσιστράτη
ὀλίγον αὐτῶν μοι μέλει.
οὐ γὰρ τοσαύτας οὔτ' ἀπειλὰς οὔτε πῦρ
ἥξουσ' ἔχοντες ὥστ' ἀνοῖξαι τὰς πύλας 250
ταύτας, ἐὰν μὴ 'φ' οἷσιν ἡμεῖς εἴπομεν.
Καλονίκη
μὰ τὴν Ἀφροδίτην οὐδέποτέ γ'· ἄλλως γὰρ ἂν
ἄμαχοι γυναῖκες καὶ μιαραὶ κεκλήμεθ' ἄν.
Χορὸς Γερόντων
χώρει Δράκης, ἡγοῦ βάδην, εἰ καὶ τὸν ὦμον ἀλγεῖς
κορμοῦ τοσουτονὶ βάρος χλωρᾶς φέρων ἐλάας. 255
Χορὸς Γερόντων
ἦ πόλλ' ἄελπτ' ἔνεστιν ἐν τῷ μακρῷ βίῳ φεῦ,
ἐπεὶ τίς ἄν ποτ' ἤλπισ' ὦ Στρυμόδωρ' ἀκοῦσαι
γυναῖκας, ἃς ἐβόσκομεν 260
κατ' οἶκον ἐμφανὲς κακόν,
κατὰ μὲν ἅγιον ἔχειν βρέτας,
κατὰ δ' ἀκρόπολιν ἐμὰν λαβεῖν

μοχλοῖς δὲ καὶ κλήθροισι
τὰ προπύλαια πακτοῦν; 265
Χορὸς Γερόντων
ἀλλ' ὡς τάχιστα πρὸς πόλιν σπεύσωμεν ὦ Φιλοῦργε,
ὅπως ἄν, αὐταῖς ἐν κύκλῳ θέντες τὰ πρέμνα ταυτί,
ὅσαι τὸ πρᾶγμα τοῦτ' ἐνεστήσαντο καὶ μετῆλθον,
μίαν πυρὰν νήσαντες ἐμπρήσωμεν αὐτόχειρες
πάσας, ὑπὸ ψήφου μιᾶς, πρώτην δὲ τὴν Λύκωνος. 270
Χορὸς Γερόντων
οὐ γὰρ μὰ τὴν Δήμητρ' ἐμοῦ ζῶντος ἐγχανοῦνται·
ἐπεὶ οὐδὲ Κλεομένης, ὃς αὐτὴν κατέσχε πρῶτος,
ἀπῆθεν ἀψάλακτος, ἀλλ' 275
ὅμως Λακωνικὸν πνέων
ᾤχετο θὤπλα παραδοὺς ἐμοί,
σμικρὸν ἔχων πάνυ τριβώνιον,
πινῶν ῥυπῶν ἀπαράτιλτος,
ἓξ ἐτῶν ἄλουτος. 280
Χορὸς Γερόντων
οὕτως ἐπολιόρκησ' ἐγὼ τὸν ἄνδρ' ἐκεῖνον ὠμῶς
ἐφ' ἑπτακαίδεκ' ἀσπίδων πρὸς ταῖς πύλαις καθεύδων.
τασδὶ δὲ τὰς Εὐριπίδῃ θεοῖς τε πᾶσιν ἐχθρὰς
ἐγὼ οὐκ ἄρα σχήσω παρὼν τολμήματος τοσούτου;
μή νυν ἔτ' ἐν <τῇ> τετραπόλει τοὐμὸν τροπαῖον εἴη. 285
Χορὸς Γερόντων
ἀλλ' αὐτὸ γάρ μοι τῆς ὁδοῦ
λοιπόν ἐστι χωρίον
τὸ πρὸς πόλιν τὸ σιμόν, οἷ σπουδὴν ἔχω·
χὤπως ποτ' ἐξαμπρεύσομεν
τοῦτ' ἄνευ κανθηλίου. 290
ὡς ἐμοῦ γε τὼ ξύλω τὸν ὦμον ἐξιπώκατον·
ἀλλ' ὅμως βαδιστέον,
καὶ τὸ πῦρ φυσητέον,
μή μ' ἀποσβεσθὲν λάθῃ πρὸς τῇ τελευτῇ τῆς ὁδοῦ.
φῦ φῦ.

ἰοὺ ἰοὺ τοῦ καπνοῦ. 295
Χορὸς Γερόντων
ὡς δεινὸν ὦναξ Ἡράκλεις
προσπεσόν μ' ἐκ τῆς χύτρας
ὥσπερ κύων λυττῶσα τὠφθαλμὼ δάκνει·
κἄστιν γε Λήμνιον τὸ πῦρ
τοῦτο πάσῃ μηχανῇ. 300
οὐ γὰρ <ἄν> ποθ' ὧδ' ὀδὰξ ἔβρυκε τὰς λήμας ἐμοῦ.
σπεῦδε πρόσθεν ἐς πόλιν
καὶ βοήθει τῇ θεῷ.
ἦ πότ' αὐτῇ μᾶλλον ἢ νῦν ὦ Λάχης ἀρήξομεν;
φῦ φῦ.
ἰοὺ ἰοὺ τοῦ καπνοῦ. 305
Χορὸς Γερόντων
τουτὶ τὸ πῦρ ἐγρήγορεν θεῶν ἕκατι καὶ ζῇ.
οὔκουν ἄν, εἰ τὼ μὲν ξύλω θείμεσθα πρῶτον αὐτοῦ,
τῆς ἀμπέλου δ' ἐς τὴν χύτραν τὸν φανὸν ἐγκαθέντες
ἅψαντες εἶτ' ἐς τὴν θύραν κριηδὸν ἐμπέσοιμεν;
κἂν μὴ καλούντων τοὺς μοχλοὺς χαλῶσιν αἱ γυναῖκες, 310
ἐμπιμπράναι χρὴ τὰς θύρας καὶ τῷ καπνῷ πιέζειν.
θώμεσθα δὴ τὸ φορτίον. φεῦ τοῦ καπνοῦ βαβαιάξ.
τίς ξυλλάβοιτ' ἂν τοῦ ξύλου τῶν ἐν Σάμῳ στρατηγῶν;
ταυτὶ μὲν ἤδη τὴν ῥάχιν θλίβοντά μου πέπαυται.
σὸν δ' ἔργον ἐστὶν ὦ χύτρα τὸν ἄνθρακ' ἐξεγείρειν, 315
τὴν λαμπάδ' ἡμμένην ὅπως πρώτιστ' ἐμοὶ προσοίσεις.
δέσποινα Νίκη ξυγγενοῦ τῶν τ' ἐν πόλει γυναικῶν
τοῦ νῦν παρεστῶτος θράσους θέσθαι τροπαῖον ἡμᾶς.
Χορὸς Γυναικῶν
λιγνὺν δοκῶ μοι καθορᾶν καὶ καπνὸν ὦ γυναῖκες
ὥσπερ πυρὸς καομένου· σπευστέον ἐστὶ θᾶττον. 320
Χορὸς Γυναικῶν
πέτου πέτου Νικοδίκη,
πρὶν ἐμπεπρῆσθαι Καλύκην
τε καὶ Κρίτυλλαν περιφυσήτω

ὑπό τε νόμων ἀργαλέων
ὑπό τε γερόντων ὀλέθρων. 325
ἀλλὰ φοβοῦμαι τόδε, μῶν ὑστερόπους βοηθῶ.
νῦν δὴ γὰρ ἐμπλησαμένη τὴν ὑδρίαν κνεφαία
μόλις ἀπὸ κρήνης ὑπ' ὄχλου καὶ θορύβου καὶ πατάγου χυτρείου,
δούλαισιν ὠστιζομένη 330
*
στιγματίαις θ', ἀρπαλέως
ἀραμένη ταῖσιν ἐμαῖς
δημότισιν καομέναις
φέρουσ' ὕδωρ βοηθῶ.
Χορὸς Γυναικῶν
ἤκουσα γὰρ τυφογέροντας
ἄνδρας ἔρρειν, στελέχη 336
φέροντας ὥσπερ βαλανεύσοντας
ἐς πόλιν ὡς τριτάλαντον βάρος,
δεινότατ' ἀπειλοῦντας ἐπῶν
ὡς πυρὶ χρὴ τὰς μυσαρὰς γυναῖκας ἀνθρακεύειν· 340
ἃς ὦ θεὰ μή ποτ' ἐγὼ πιμπραμένας ἴδοιμι,
ἀλλὰ πολέμου καὶ μανιῶν ῥυσαμένας Ἑλλάδα καὶ πολίτας,
ἐφ' οἷσπερ ὦ χρυσολόφα
πολιοῦχε σὰς ἔσχον ἕδρας. 345
καί σε καλῶ ξύμμαχον ὦ
Τριτογένει', εἴ τις ἐκείνας
ὑποπίμπρησιν ἀνήρ,
φέρειν ὕδωρ μεθ' ἡμῶν.
Χορὸς Γυναικῶν
ἔασον ὦ. τουτὶ τί ἦν; ὦνδρες πόνῳ πόνηροι· 350
οὐ γάρ ποτ' ἂν χρηστοί γ' ἔδρων οὐδ' εὐσεβεῖς τάδ' ἄνδρες.
Χορὸς Γερόντων
τουτὶ τὸ πρᾶγμ' ἡμῖν ἰδεῖν ἀπροσδόκητον ἥκει·
ἑσμὸς γυναικῶν οὑτοσὶ θύρασιν αὖ βοηθεῖ.

Χορὸς Γυναικῶν
τί βδύλλεθ' ἡμᾶς; οὔ τί που πολλαὶ δοκοῦμεν εἶναι;
καὶ μὴν μέρος γ' ἡμῶν ὁρᾷτ' οὔπω τὸ μυριοστόν. 355
Χορὸς Γερόντων
ὦ Φαιδρία ταύτας λαλεῖν ἐάσομεν τοσαυτί;
οὐ περικατᾶξαι τὸ ξύλον τύπτοντ' ἐχρῆν τιν' αὐταῖς;
Χορὸς Γυναικῶν
θώμεσθα δὴ τὰς κάλπιδας χἠμεῖς χαμᾶζ', ὅπως ἂν
ἢν προσφέρῃ τὴν χεῖρά τις μὴ τοῦτό μ' ἐμποδίζῃ.
Χορὸς Γερόντων
εἰ νὴ Δί' ἤδη τὰς γνάθους τούτων τις ἢ δὶς ἢ τρὶς 360
ἔκοψεν ὥσπερ Βουπάλου, φωνὴν ἂν οὐκ ἂν εἶχον.
Χορὸς Γυναικῶν
καὶ μὴν ἰδοὺ παταξάτω τις· στᾶσ' ἐγὼ παρέξω,
κού μή ποτ' ἄλλη σου κύων τῶν ὄρχεων λάβηται.
Χορὸς Γερόντων
εἰ μὴ σιωπήσει, θενών σου 'κκοκκιῶ τὸ γῆρας.
Χορὸς Γυναικῶν
ἅψαι μόνον Στρατυλλίδος τῷ δακτύλῳ προσελθών. 365
Χορὸς Γερόντων
τί δ' ἢν σποδῶ τοῖς κονδύλοις; τί μ' ἐργάσει τὸ δεινόν;
Χορὸς Γυναικῶν
βρύκουσά σου τοὺς πλεύμονας καὶ τἄντερ' ἐξαμήσω.
Χορὸς Γερόντων
οὐκ ἔστ' ἀνὴρ Εὐριπίδου σοφώτερος ποιητής·
οὐδὲν γὰρ οὕτω θρέμμ' ἀναιδές ἐστιν ὡς γυναῖκες.
Χορὸς Γυναικῶν
αἰρώμεθ' ἡμεῖς θοὔδατος τὴν κάλπιν ὦ 'Ροδίππη. 370
Χορὸς Γερόντων
τί δ' ὦ θεοῖς ἐχθρὰ σὺ δεῦρ' ὕδωρ ἔχουσ' ἀφίκου;
Χορὸς Γυναικῶν
τί δαὶ σὺ πῦρ ὦ τύμβ' ἔχων; ὡς σαυτὸν ἐμπυρεύσων;
Χορὸς Γερόντων
ἐγὼ μὲν ἵνα νήσας πυρὰν τὰς σὰς φίλας ὑφάψω.

Χορὸς Γυναικῶν
ἐγὼ δέ γ' ἵνα τὴν σὴν πυρὰν τούτῳ κατασβέσαιμι.
Χορὸς Γερόντων
τοὐμὸν σὺ πῦρ κατασβέσεις; 375
Χορὸς Γυναικῶν
τοὔργον τάχ' αὐτὸ δείξει.
Χορὸς Γερόντων
οὐκ οἶδά σ' εἰ τῇδ' ὡς ἔχω τῇ λαμπάδι σταθεύσω.
Χορὸς Γυναικῶν
εἰ ῥύμμα τυγχάνεις ἔχων, λουτρόν <γ'> ἐγὼ παρέξω.
Χορὸς Γερόντων
ἐμοὶ σὺ λουτρὸν ὦ σαπρά;
Χορὸς Γυναικῶν
καὶ ταῦτα νυμφικόν γε.
Χορὸς Γερόντων
ἤκουσας αὐτῆς τοῦ θράσους;
Χορὸς Γυναικῶν
ἐλευθέρα γάρ εἰμι.
Χορὸς Γερόντων
σχήσω σ' ἐγὼ τῆς νῦν βοῆς. 380
Χορὸς Γυναικῶν
ἀλλ' οὐκέθ' ἡλιάζει.
Χορὸς Γερόντων
ἔμπρησον αὐτῆς τὰς κόμας.
Χορὸς Γυναικῶν
σὸν ἔργον ὦχελῷε.
Χορὸς Γερόντων
οἴμοι τάλας.
Χορὸς Γυναικῶν
μῶν θερμὸν ἦν;
Χορὸς Γερόντων
ποῖ θερμόν; οὐ παύσει; τί δρᾷς;
Χορὸς Γυναικῶν
ἄρδω σ' ὅπως ἂν βλαστάνῃς.

Χορὸς Γερόντων
ἀλλ' αὖός εἰμ' ἤδη τρέμων. 385
Χορὸς Γυναικῶν
οὐκοῦν ἐπειδὴ πῦρ ἔχεις, σὺ χλιανεῖς σεαυτόν.
Πρόβουλος
ἆρ' ἐξέλαμψε τῶν γυναικῶν ἡ τρυφὴ
χὠ τυμπανισμὸς χοἰ πυκνοὶ Σαβάζιοι,
ὅ τ' Ἀδωνιασμὸς οὗτος οὑπὶ τῶν τεγῶν,
οὗ 'γώ ποτ' ὢν ἤκουον ἐν τἠκκλησίᾳ; 390
ἔλεγε δ' ὁ μὴ ὥρασι μὲν Δημόστρατος
πλεῖν ἐς Σικελίαν, ἡ γυνὴ δ' ὀρχουμένη
"αἰαῖ Ἄδωνιν" φησίν, ὁ δὲ Δημόστρατος
ἔλεγεν ὁπλίτας καταλέγειν Ζακυνθίων·
ἡ δ' ὑποπεπωκυῖ' ἡ γυνὴ 'πὶ τοῦ τέγους 395
"κόπτεσθ' Ἄδωνιν" φησίν· ὁ δ' ἐβιάζετο
ὁ θεοῖσιν ἐχθρὸς καὶ μιαρὸς Χολοζύγης.
τοιαῦτ' ἀπ' αὐτῶν ἐστιν ἀκόλαστ' ᾄσματα.
Χορὸς Γερόντων
τί δῆτ' ἂν εἰ πύθοιο καὶ τὴν τῶνδ' ὕβριν;
αἳ τἄλλα θ' ὑβρίκασι κἀκ τῶν καλπίδων 400
ἔλουσαν ἡμᾶς, ὥστε θαἰμάτιδια
σείειν πάρεστιν ὥσπερ ἐνεουρηκότας.
Πρόβουλος
νὴ τὸν Ποσειδῶ τὸν ἁλυκὸν δίκαιά γε.
ὅταν γὰρ αὐτοὶ ξυμπονηρευώμεθα
ταῖσιν γυναιξὶ καὶ διδάσκωμεν τρυφᾶν, 405
τοιαῦτ' ἀπ' αὐτῶν βλαστάνει βουλεύματα.
οἳ λέγομεν ἐν τῶν δημιουργῶν τοιαδί·
"ὦ χρυσοχόε τὸν ορμον ὂν ἐπεσκεύασας,
ὀρχουμένης μου τῆς γυναικὸς ἑσπέρας
ἡ βάλανος ἐκπέπτωκεν ἐκ τοῦ τρήματος. 410
ἐμοὶ μὲν οὖν ἔστ' ἐς Σαλαμῖνα πλευστέα·
σὺ δ' ἢν σχολάσῃς, πάσῃ τέχνῃ πρὸς ἑσπέραν
ἐλθὼν ἐκείνῃ τὴν βάλανον ἐνάρμοσον."

ἕτερος δέ τις πρὸς σκυτοτόμον ταδὶ λέγει
νεανίαν καὶ πέος ἔχοντ' οὐ παιδικόν· 415
"ὦ σκυτοτόμε μου τῆς γυναικὸς τοῦ ποδὸς
τὸ δακτυλίδιον ξυμπιέζει τὸ ζυγόν
ἄθ' ἁπαλὸν ὄν· τοῦτ' οὖν σὺ τῆς μεσημβρίας
ἐλθὼν χάλασον, ὅπως ἂν εὐρυτέρως ἔχῃ."
τοιαῦτ' ἀπήντηκ' ἐς τοιαυτὶ πράγματα, 420
ὅτε γ' ὢν ἐγὼ πρόβουλος, ἐκπορίσας ὅπως
κωπῆς ἔσονται, τἀργυρίου νυνὶ δέον,
ὑπὸ τῶν γυναικῶν ἀποκέκλῃμαι ταῖς πύλαις.
ἀλλ' οὐδὲν ἔργον ἑστάναι. φέρε τοὺς μοχλούς,
ὅπως ἂν αὐτὰς τῆς ὕβρεως ἐγὼ σχέθω. 425
τί κέχηνας ὦ δύστηνε; ποῖ δ' αὖ σὺ βλέπεις,
οὐδὲν ποιῶν ἀλλ' ἢ καπηλεῖον σκοπῶν;
οὐχ ὑποβαλόντες τοὺς μοχλοὺς ὑπὸ τὰς πύλας
ἐντεῦθεν ἐκμοχλεύσετ'; ἐνθενδὶ δ' ἐγὼ
ξυνεκμοχλεύσω. 430
Λυσιστράτη
μηδὲν ἐκμοχλεύετε·
ἐξέρχομαι γὰρ αὐτομάτη. τί δεῖ μοχλῶν;
οὐ γὰρ μοχλῶν δεῖ μᾶλλον ἢ νοῦ καὶ φρενῶν.
Πρόβουλος
ἄληθες ὦ μιαρὰ σύ; ποῦ 'σθ' ὁ τοξότης;
ξυλλάμβαν' αὐτὴν κὠπίσω τὼ χεῖρε δεῖ.
Λυσιστράτη
εἴ τἄρα νὴ τὴν Ἄρτεμιν τὴν χεῖρά μοι 435
ἄκραν προσοίσει δημόσιος ὤν, κλαύσεται.
Πρόβουλος
ἔδεισας οὗτος; οὐ ξυναρπάσει μέσην
καὶ σὺ μετὰ τούτου κἀνύσαντε δήσετον;
Γυνὴ Α
εἴ τἄρα νὴ τὴν Πάνδροσον ταύτῃ μόνον
τὴν χεῖρ' ἐπιβαλεῖς, ἐπιχεσεῖ πατούμενος. 440

Πρόβουλος
ἰδού γ' ἐπιχεσεῖ. ποῦ 'στιν ἕτερος τοξότης;
ταύτην προτέραν ξύνδησον, ὁτιὴ καὶ λαλεῖ.
Γυνὴ Β
εἴ τἄρα νὴ τὴν Φωσφόρον τὴν χεῖρ' ἄκραν
ταύτῃ προσοίσεις, κύαθον αἰτήσεις τάχα.
Πρόβουλος
τουτὶ τί ἦν; ποῦ τοξότης; ταύτης ἔχου. 445
παύσω τιν' ὑμῶν τῆσδ' ἐγὼ τῆς ἐξόδου.
Γυνὴ Γ
εἴ τἄρα νὴ τὴν Ταυροπόλον ταύτῃ πρόσει,
ἐκκοκκιῶ σου τὰς στενοκωκύτους τρίχας.
Πρόβουλος
οἴμοι κακοδαίμων· ἐπιλέλοιφ' ὁ τοξότης.
ἀτὰρ οὐ γυναικῶν οὐδέποτ' ἔσθ' ἡττητέα 450
ἡμῖν· ὁμόσε χωρῶμεν αὐταῖς ὦ Σκύθαι
ξυνταξάμενοι.
Λυσιστράτη
νὴ τὼ θεὼ γνώσεσθ' ἄρα
ὅτι καὶ παρ' ἡμῖν εἰσι τέτταρες λόχοι
μαχίμων γυναικῶν ἔνδον ἐξωπλισμένων.
Πρόβουλος
ἀποστρέφετε τὰς χεῖρας αὐτῶν ὦ Σκύθαι. 455
Λυσιστράτη
ὦ ξύμμαχοι γυναῖκες ἐκθεῖτ' ἔνδοθεν,
ὦ σπερμαγοραιολεκιθολαχανοπώλιδες,
ὦ σκοροδοπανδοκευτριαρτοπώλιδες,
οὐχ ἕλξετ', οὐ παιήσετ', οὐκ ἀράξετε;
οὐ λοιδορήσετ', οὐκ ἀναισχυντήσετε; 460
παύσασθ', ἐπαναχωρεῖτε, μὴ σκυλεύετε.
Πρόβουλος
οἴμ' ὡς κακῶς πέπραγέ μου τὸ τοξικόν.
Λυσιστράτη
ἀλλὰ τί γὰρ ᾤου; πότερον ἐπὶ δούλας τινὰς

ἥκειν ἐνόμισας, ἢ γυναιξὶν οὐκ οἴει
χολὴν ἐνεῖναι; 465
Πρόβουλος
νὴ τὸν Ἀπόλλω καὶ μάλα
πολλήν γ', ἐάνπερ πλησίον κάπηλος ᾖ.
Χορὸς Γερόντων
ὦ πόλλ' ἀναλώσας ἔπη πρόβουλε τῆσδε <τῆς> γῆς,
τί τοῖσδε σαυτὸν ἐς λόγους τοῖς θηρίοις συνάπτεις;
οὐκ οἶσθα λουτρὸν οἷον αἵδ' ἡμᾶς ἔλουσαν ἄρτι
ἐν τοῖσιν ἱματιδίοις, καὶ ταῦτ' ἄνευ κονίας; 470
Χορὸς Γυναικῶν
ἀλλ' ὦ μέλ' οὐ χρὴ προσφέρειν τοῖς πλησίοισιν εἰκῇ
τὴν χεῖρ'· ἐὰν δὲ τοῦτο δρᾷς, κυλοιδιᾶν ἀνάγκη.
ἐπεὶ 'θέλω 'γὼ σωφρόνως ὥσπερ κόρη καθῆσθαι,
λυποῦσα μηδέν' ἐνθαδί, κινοῦσα μηδὲ κάρφος,
ἢν μή τις ὥσπερ σφηκιὰν βλίττῃ με κἀρεθίζῃ. 475
Χορὸς Γερόντων
ὦ Ζεῦ τί ποτε χρησόμεθα τοῖσδε τοῖς κνωδάλοις;
οὐ' γὰρ ἔτ' ἀνεκτὰ τάδε γ', ἀλλὰ βασανιστέον
τόδε σοι τὸ πάθος μετ' ἐμοῦ
ὅ τι βουλόμεναί ποτε τὴν 480
Κραναὰν κατέλαβον, ἐφ' ὅ τι τε
μεγαλόπετρον ἄβατον ἀκρόπολιν
ἱερὸν τέμενος.
Χορὸς Γερόντων
ἀλλ' ἀνερώτα καὶ μὴ πείθου καὶ πρόσφερε πάντας ἐλέγχους,
ὡς αἰσχρὸν ἀκωδώνιστον ἐᾶν τὸ τοιοῦτον πρᾶγμα
μεθέντας. 485
Πρόβουλος
καὶ μὴν αὐτῶν τοῦτ' ἐπιθυμῶ νὴ τὸν Δία πρῶτα πυθέσθαι,
ὅ τι βουλόμεναι τὴν πόλιν ἡμῶν ἀπεκλήσατε τοῖσι μοχλοῖσιν.
Λυσιστράτη
ἵνα τἀργύριον σῶν παρέχοιμεν καὶ μὴ πολεμοῖτε δι' αὐτό.

Πρόβουλος
διὰ τἀργύριον πολεμοῦμεν γάρ;
Λυσιστράτη
καὶ τἆλλα γε πάντ' ἐκυκήθη.
ἵνα γὰρ Πείσανδρος ἔχοι κλέπτειν χοἰ ταῖς ἀρχαῖς
ἐπέχοντες, 490
ἀεί τινα κορκορυγὴν ἐκύκων. οἱ δ' οὖν τοῦδ' οὕνεκα δρώντων
ὅ τι βούλονται· τὸ γὰρ ἀργύριον τοῦτ' οὐκέτι μὴ καθέλωσιν.
Πρόβουλος
ἀλλὰ τί δράσεις;
Λυσιστράτη
τοῦτό μ' ἐρωτᾷς; ἡμεῖς ταμιεύσομεν αὐτό.
Πρόβουλος
ὑμεῖς ταμιεύσετε τἀργύριον;
Λυσιστράτη
τί <δὲ> δεινὸν τοῦτο νομίζεις;
οὐ καὶ τἄνδον χρήματα πάντως ἡμεῖς ταμιεύομεν ὑμῖν; 495
Πρόβουλος
ἀλλ' οὐ ταὐτόν.
Λυσιστράτη
πῶς οὐ ταὐτόν;
Πρόβουλος
πολεμητέον ἔστ' ἀπὸ τούτου.
Λυσιστράτη
ἀλλ' οὐδὲν δεῖ πρῶτον πολεμεῖν.
Πρόβουλος
πῶς γὰρ σωθησόμεθ' ἄλλως;
Λυσιστράτη
ἡμεῖς ὑμᾶς σώσομεν.
Πρόβουλος
ὑμεῖς;
Λυσιστράτη
ἡμεῖς μέντοι.

Πρόβουλος
σχέτλιόν γε.
Λυσιστράτη
ὡς σωθήσει, κἂν μὴ βούλῃ.
Πρόβουλος
δεινόν <γε> λέγεις.
Λυσιστράτη
ἀγανακτεῖς.
ἀλλὰ ποιητέα ταῦτ' ἐστὶν ὅμως. 500
Πρόβουλος
νὴ τὴν Δήμητρ' ἄδικόν γε.
Λυσιστράτη
σωστέον ὦ τᾶν.
Πρόβουλος
κεἰ μὴ δέομαι;
Λυσιστράτη
τοῦδ' οὕνεκα καὶ πολὺ μᾶλλον.
Πρόβουλος
ὑμῖν δὲ πόθεν περὶ τοῦ πολέμου τῆς τ' εἰρήνης ἐμέλησεν;
Λυσιστράτη
ἡμεῖς φράσομεν.
Πρόβουλος
λέγε δὴ ταχέως, ἵνα μὴ κλάῃς,
Λυσιστράτη
ἀκροῶ δή,
καὶ τὰς χεῖρας πειρῶ κατέχειν.
Πρόβουλος
ἀλλ' οὐ δύναμαι· χαλεπὸν γὰρ
ὑπὸ τῆς ὀργῆς αὐτὰς ἴσχειν. 505
Γυνὴ Α.
κλαύσει τοίνυν πολὺ μᾶλλον.
Πρόβουλος
τοῦτο μὲν ὦ γραῦ σαυτῇ κρώξαις· σὺ δέ μοι λέγε.

99

Λυσιστράτη
ταῦτα ποιήσω.
ἡμεῖς τὸν μὲν πρότερον πόλεμον καὶ τὸν χρόνον ἠνεσχόμεθα
ὑπὸ σωφροσύνης τῆς ἡμετέρας τῶν ἀνδρῶν ἅττ' ἐποιεῖτε.
οὐ γὰρ γρύζειν εἴᾱθ' ἡμᾶς. καίτοὐκ ἠρέσκετέ γ' ἡμᾶς.
ἀλλ' ἠσθανόμεσθα καλῶς ὑμῶν, καὶ πολλάκις ἔνδον ἂν
οὖσαι 510
ἠκούσαμεν ἄν τι κακῶς ὑμᾶς βουλευσαμένους μέγα πρᾶγμα·
εἶτ' ἀλγοῦσαι τἄνδοθεν ὑμᾶς ἐπανηρόμεθ' ἂν γελάσασαι,
"τί βεβούλευται περὶ τῶν σπονδῶν ἐν τῇ στήλῃ παραγράψαι
ἐν τῷ δήμῳ τήμερον ὑμῖν;" "τίδὲ σοὶ ταῦτ';" ἦ δ' ὃς ἂν ἀνήρ.
"οὐ σιγήσει;" κἀγὼ ἐσίγων. 515
Γυνὴ Β.
ἀλλ' οὐκ ἂν ἐγώ ποτ' ἐσίγων.
Πρόβουλος
κἂν ᾤμωζές γ', εἰ μὴ 'σίγας.
Λυσιστράτη
τοιγὰρ ἔγωγ' ἔνδον ἐσίγων.
... ἕτερόν τι πονηρότερον βούλευμ' ἐπεπύσμεθ' ἂν ὑμῶν·
εἶτ' ἠρόμεθ' ἄν· "πῶς ταῦτ' ὦνερ διαπράττεσθ' ὧδ' ἀνοήτως;"
ὁ δέ μ' εὐθὺς ὑποβλέψας <ἂν> ἔφασκ', εἰ μὴ τὸν στήμονα
νήσω,
ὀτοτύξεσθαι μακρὰ τὴν κεφαλήν· "πόλεμος δ' ἄνδρεσσι
μελήσει."
Πρόβουλος
ὀρθῶς γε λέγων νὴ Δί' ἐκεῖνος. 520
Λυσιστράτη
πῶς ὀρθῶς ὦ κακόδαιμον,
εἰ μηδὲ κακῶς βουλευομένοις ἐξῆν ὑμῖν ὑποθέσθαι;
ὅτε δὴ δ' ὑμῶν ἐν ταῖσιν ὁδοῖς φανερῶς ἠκούομεν ἤδη,
"οὐκ ἔστιν ἀνὴρ ἐν τῇ χώρᾳ;" "μὰ Δί' οὐ δῆτ'," <εἶφ'> ἕτερός
τις·
μετὰ ταῦθ' ἡμῖν εὐθὺς ἔδοξεν σῶσαι τὴν Ἑλλάδα κοινῇ 525
ταῖσι γυναιξὶν συλλεχθείσαις. ποῖ γὰρ καὶ χρῆν ἀναμεῖναι;

ἢν οὖν ἡμῶν χρηστὰ λεγουσῶν ἐθελήσητ' ἀντακροᾶσθαι
κἀντισιωπᾶθ' ὥσπερ χἠμεῖς, ἐπανορθώσαιμεν ἂν ὑμᾶς.
Πρόβουλος
ὑμεῖς ἡμᾶς; δεινόν γε λέγεις κού τλητὸν ἔμοιγε.
Λυσιστράτη
σιώπα.
Πρόβουλος
σοί γ' ὦ κατάρατε σιωπῶ 'γώ, καὶ ταῦτα κάλυμμα
φορούσῃ 530
περὶ τὴν κεφαλήν; μή νυν ζῴην.
Λυσιστράτη
ἀλλ' εἰ τοῦτ' ἐμπόδιόν σοι,
παρ' ἐμοῦ τουτὶ τὸ κάλυμμα λαβὼν
ἔχε καὶ περίθου περὶ τὴν κεφαλήν,
κᾆτα σιώπα
Γυνὴ Γ.
καὶ τοῦτον τὸν καλαθίσκον. 535
Λυσιστράτη
κᾆτα ξαίνειν ξυζωσάμενος
κυάμους τρώγων·
πόλεμος δὲ γυναιξὶ μελήσει.
Χορὸς Γυναικῶν
αἰρώμεθ' ὦ γυναῖκες ἀπὸ τῶν καλπίδων, ὅπως ἂν
ἐν τῷ μέρει χἠμεῖς τι ταῖς φίλαισι συλλάβωμεν. 540
Χορὸς Γυναικῶν
ἔγωγε γὰρ <ἂν> οὔποτε κάμοιμ' ἂν ὀρχουμένη,
οὐδὲ τὰ γόνατα κόπος ἕλοι μου καματηρός·
ἐθέλω δ' ἐπὶ πᾶν ἰέναι
μετὰ τῶνδ' ἀρετῆς ἕνεχ', αἷς
ἔνι φύσις, ἔνι χάρις, ἔνι θράσος, 545
ἔνι δὲ σοφόν, ἔνι <δὲ> φιλόπολις
ἀρετὴ φρόνιμος.
Χορὸς Γυναικῶν
ἀλλ' ὦ τηθῶν ἀνδρειοτάτων καὶ μητριδίων ἀκαληφῶν,

χωρεῖτ' ὀργῇ καὶ μὴ τέγγεσθ'· ἔτι γὰρ νῦν οὔρια θεῖτε. 550
Λυσιστράτη
ἀλλ' ἤνπερ ὅ <τε> γλυκύθυμος Ἔρως χἠ Κυπρογένει'
Ἀφροδίτη
ἵμερον ἡμῶν κατὰ τῶν κόλπων καὶ τῶν μηρῶν καταπνεύσῃ,
κᾆτ' ἐντήξῃ τέτανον τερπνὸν τοῖς ἀνδράσι καὶ ῥοπαλισμούς,
οἶμαί ποτε Λυσιμάχας ἡμᾶς ἐν τοῖς Ἕλλησι καλεῖσθαι.
Πρόβουλος
τί ποιησάσας; 555
Λυσιστράτη
ἢν παύσωμεν πρώτιστον μὲν ξὺν ὅπλοισιν
ἀγοράζοντας καὶ μαινομένους.
Γυνὴ Α.
νὴ τὴν Παφίαν Ἀφροδίτην.
Λυσιστράτη
νῦν μὲν γὰρ δὴ κἀν ταῖσι χύτραις κἀν τοῖς λαχάνοισιν ὁμοίως
περιέρχονται κατὰ τὴν ἀγορὰν ξὺν ὅπλοις ὥσπερ Κορύβαντες.
Πρόβουλος
νὴ Δία· χρὴ γὰρ τοὺς ἀνδρείους.
Λυσιστράτη
καὶ μὴν τό γε πρᾶγμα γέλοιον,
ὅταν ἀσπίδ' ἔχων καὶ Γοργόνα τις κᾆτ' ὠνῆται
κορακίνους. 560
Γυνὴ Β.
νὴ Δί' ἐγὼ γοῦν ἄνδρα κομήτην φυλαρχοῦντ' εἶδον ἐφ' ἵππου
ἐς τὸν χαλκοῦν ἐμβαλλόμενον πῖλον λέκιθον παρὰ γραός·
ἕτερος δ' <αὖ> Θρᾷξ πέλτην σείων κἀκόντιον ὥσπερ ὁ Τηρεύς,
ἐδεδίσκετο τὴν ἰσχαδόπωλιν καὶ τὰς δρυπεπεῖς κατέπινεν.
Πρόβουλος
πῶς οὖν ὑμεῖς δυναταὶ παῦσαι τεταραγμένα πράγματα
πολλὰ 565
ἐν ταῖς χώραις καὶ διαλῦσαι;
Λυσιστράτη
φαύλως πάνυ.

Πρόβουλος
πῶς; ἀπόδειξον.
Λυσιστράτη
ὥσπερ κλωστῆρ', ὅταν ἡμῖν ᾖ τεταραγμένος, ὧδε λαβοῦσαι,
ὑπενεγκοῦσαι τοῖσιν ἀτράκτοις τὸ μὲν ἐνταυθοῖ τὸ δ' ἐκεῖσε,
οὕτως καὶ τὸν πόλεμον τοῦτον διαλύσομεν, ἤν τις ἐάσῃ,
διενεγκοῦσαι διὰ πρεσβειῶν τὸ μὲν ἐνταυθοῖ τὸ δ' ἐκεῖσε. 570
Πρόβουλος
ἐξ ἐρίων δὴ καὶ κλωστήρων καὶ ἀτράκτων πράγματα δεινὰ
παύσειν οἴεσθ' ὦ ἀνόητοι;
Λυσιστράτη
κἂν ὑμῖν γ' εἴ τις ἐνῆν νοῦς,
ἐκ τῶν ἐρίων τῶν ἡμετέρων ἐπολιτεύεσθ' ἂν ἅπαντα.
Πρόβουλος
πῶς δή; φέρ' ἴδω.
Λυσιστράτη
πρῶτον μὲν ἐχρῆν, ὥσπερ πόκου ἐν βαλανείῳ
ἐκπλύναντας τὴν οἰσπώτην, ἐκ τῆς πόλεως ἐπὶ κλίνης 575
ἐκραβδίζειν τοὺς μοχθηροὺς καὶ τοὺς τριβόλους ἀπολέξαι,
καὶ τούς γε συνισταμένους τούτους καὶ τοὺς πιλοῦντας
ἑαυτοὺς
ἐπὶ ταῖς ἀρχαῖσι διαξῆναι καὶ τὰς κεφαλὰς ἀποτῖλαι·
εἶτα ξαίνειν ἐς καλαθίσκον κοινὴν εὔνοιαν, ἅπαντας
καταμιγνύντας τούς τε μετοίκους κεἴ τις ξένος ἢ φίλος
ὑμῖν, 580
κεἴ τις ὀφείλει τῷ δημοσίῳ, καὶ τούτους ἐγκαταμεῖξαι·
καὶ νὴ Δία τάς γε πόλεις, ὁπόσαι τῆς γῆς τῆσδ' εἰσὶν ἄποικοι,
διαγιγνώσκειν ὅτι ταῦθ' ἡμῖν ὥσπερ τὰ κατάγματα κεῖται
χωρὶς ἕκαστον· κᾆτ' ἀπὸ τούτων πάντων τὸ κάταγμα
λαβόντας
δεῦρο ξυνάγειν καὶ συναθροίξειν εἰς ἕν, κἄπειτα ποιῆσαι 585
τολύπην μεγάλην κᾆτ' ἐκ ταύτης τῷ δήμῳ χλαῖναν ὑφῆναι.
Πρόβουλος
οὔκουν δεινὸν ταυτὶ ταύτας ῥαβδίξειν καὶ τολυπεύειν,

αἷς οὐδὲ μετῆν πάνυ τοῦ πολέμου;
Λυσιστράτη
καὶ μὴν ὦ παγκατάρατε
πλεῖν ἤ γε διπλοῦν αὐτὸν φέρομεν, πρώτιστον μέν γε
τεκοῦσαι
κἀκπέμψασαι παῖδας ὁπλίτας. 590
Πρόβουλος
σίγα, μὴ μνησικακήσῃς.
Λυσιστράτη
εἶθ' ἡνίκα χρῆν εὐφρανθῆναι καὶ τῆς ἥβης ἀπολαῦσαι,
μονοκοιτοῦμεν διὰ τὰς στρατιάς. καὶ θἠμέτερον μὲν ἐᾶτε,
περὶ τῶν δὲ κορῶν ἐν τοῖς θαλάμοις γηρασκουσῶν ἀνιῶμαι.
Πρόβουλος
οὔκουν χἄνδρες γηράσκουσιν;
Λυσιστράτη
μὰ Δί' ἀλλ' οὐκ
εἶπας ὅμοιον.
ὁ μὲν ἥκων γάρ, κἂν ᾖ πολιός, ταχὺ παῖδα κόρην
γεγάμηκεν· 595
τῆς δὲ γυναικὸς σμικρὸς ὁ καιρός, κἂν τούτου μὴ 'πιλάβηται,
οὐδεὶς ἐθέλει γῆμαι ταύτην, ὀττευομένη δὲ κάθηται.
Πρόβουλος
ἀλλ' ὅστις ἔτι στῦσαι δυνατός--
Λυσιστράτη
σὺ δὲ δὴ τί μαθὼν οὐκ ἀποθνῄσκεις;
χωρίον ἐστί· σορὸν ὠνήσει· 600
μελιτοῦτταν ἐγὼ καὶ δὴ μάξω.
λαβὲ ταυτὶ καὶ στεφάνωσαι.
Γυνὴ Ξ.
καὶ ταυτασὶ δέξαι παρ' ἐμοῦ.
Γυνὴ Α.
καὶ τουτονγὶ λαβὲ τὸν στέφανον.
Λυσιστράτη
τοῦ δεῖ; τί ποθεῖς; χώρει 'ς τὴν ναῦν· 605

ὁ Χάρων σε καλεῖ,
σὺ δὲ κωλύεις ἀνάγεσθαι.
Πρόβουλος
εἶτ' οὐχὶ ταῦτα δεινὰ πάσχειν ἔστ' ἐμέ;
νὴ τὸν Δί' ἀλλὰ τοῖς προβούλοις ἄντικρυς
ἐμαυτὸν ἐπιδείξω βαδίζων ὡς ἔχω. 610
Λυσιστράτη
μῶν ἐγκαλεῖς ὅτι οὐχὶ προὐθέμεσθά σε;
ἀλλ' ἐς τρίτην γοῦν ἡμέραν σοὶ πρῲ πάνυ
ἥξει παρ' ἡμῶν τὰ τρίτ' ἐπεσκευασμένα.
Χορὸς Γερόντων
οὐκέτ' ἔργον ἐγκαθεύδειν ὅστις ἔστ' ἐλεύθερος,
ἀλλ' ἐπαποδυώμεθ' ἄνδρες τουτῳὶ τῷ πράγματι. 615
ἤδη γὰρ ὄζειν ταδὶ πλειόνων καὶ μειζόνων
Χορὸς Γερόντων
πραγμάτων μοι δοκεῖ,
καὶ μάλιστ' ὀσφραίνομαι τῆς Ἱππίου τυραννίδος·
καὶ πάνυ δέδοικα μὴ τῶν Λακώνων τινὲς 620
δεῦρο συνεληλυθότες ἄνδρες ἐς Κλεισθένους
τὰς θεοῖς ἐχθρὰς γυναῖκας ἐξεπαίρωσιν δόλῳ
καταλαβεῖν τὰ χρήμαθ' ἡμῶν τόν τε μισθόν,
ἔνθεν ἔζων ἐγώ. 625
Χορὸς Γερόντων
δεινὰ γάρ τοι τάσδε γ' ἤδη τοὺς πολίτας νουθετεῖν,
καὶ λαλεῖν γυναῖκας οὔσας ἀσπίδος χαλκῆς πέρι,
καὶ διαλλάττειν πρὸς ἡμᾶς ἀνδράσιν Λακωνικοῖς,
οἷσι πιστὸν οὐδὲν εἰ μή περ λύκῳ κεχηνότι.
ἀλλὰ ταῦθ' ὕφηναν ἡμῖν ἄνδρες ἐπὶ τυραννίδι. 630
ἀλλ' ἐμοῦ μὲν οὐ τυραννεύσουσ', ἐπεὶ φυλάξομαι
καὶ φορήσω τὸ ξίφος τὸ λοιπὸν ἐν μύρτου κλαδί,
ἀγοράσω τ' ἐν τοῖς ὅπλοις ἐξῆς Ἀριστογείτονι,
ὧδέ θ' ἑστήξω παρ' αὐτόν· αὐτὸς γάρ μοι γίγνεται
τῆς θεοῖς ἐχθρᾶς πατάξαι τῆσδε γραὸς τὴν γνάθον. 635

Χορὸς Γυναικῶν
οὐκ ἄρ' εἰσιόντα σ' οἴκαδ' ἡ τεκοῦσα γνώσεται.
ἀλλὰ θώμεσθ' ὦ φίλαι γρᾶες ταδί πρῶτον χαμαί.
ἡμεῖς γὰρ ὦ πάντες ἀστοὶ λόγων κατάρχομεν
τῇ πόλει χρησίμων·
εἰκότως, ἐπεὶ χλιδῶσαν ἀγλαῶς ἔθρεψέ με. 640
ἑπτὰ μὲν ἔτη γεγῶσ' εὐθὺς ἠρρηφόρουν·
εἶτ' ἀλετρὶς ἦ δεκέτις οὖσα τἀρχηγέτι·
κᾆτ' ἔχουσα τὸν κροκωτὸν ἄρκτος ἦ Βραυρωνίοις· 645
κἀκανηφόρουν ποτ' οὖσα παῖς καλὴ 'χουσ'
ἰσχάδων ὁρμαθόν·
Χορὸς Γυναικῶν
ἆρα προὐφείλω τι χρηστὸν τῇ πόλει παραινέσαι;
εἰ δ' ἐγὼ γυνὴ πέφυκα, τοῦτο μὴ φθονεῖτέ μοι,
ἢν ἀμείνω γ' εἰσενέγκω τῶν παρόντων πραγμάτων. 650
τοὐράνου γάρ μοι μέτεστι· καὶ γὰρ ἄνδρας ἐσφέρω,
τοῖς δὲ δυστήνοις γέρουσιν οὐ μέτεσθ' ὑμῖν, ἐπεὶ
τὸν ἔρανον τὸν λεγόμενον παππῷον ἐκ τῶν Μηδικῶν
εἶτ' ἀναλώσαντες οὐκ ἀντεσφέρετε τὰς ἐσφοράς,
ἀλλ' ὑφ' ὑμῶν διαλυθῆναι προσέτι κινδυνεύομεν. 655
ἆρα γρυκτόν ἐστιν ὑμῖν; εἰ δὲ λυπήσεις τί με,
τῷδέ γ' ἀψήκτῳ πατάξω τῷ κοθόρνῳ τὴν γνάθον.
Χορὸς Γερόντων
ταῦτ' οὖν οὐχ ὕβρις τὰ πράγματ' ἐστὶ
πολλή; κἀπιδώσειν μοι δοκεῖ τὸ χρῆμα μᾶλλον. 660
ἀλλ' ἀμυντέον τὸ πρᾶγμ' ὅστις γ' ἐνόρχης ἔστ' ἀνήρ.
ἀλλὰ τὴν ἐξωμίδ' ἐκδυώμεθ', ὡς τὸν ἄνδρα δεῖ
ἀνδρὸς ὄζειν εὐθύς, ἀλλ' οὖν ἐντεθριῶσθαι πρέπει.
ἀλλ' ἄγετε λευκόποδες, οἵπερ ἐπὶ Λειψύδριον ἤλθομεν ὅτ'
ἦμεν ἔτι, 665
νῦν δεῖ νῦν ἀνηβῆσαι πάλιν κἀναπτερῶσαι
πᾶν τὸ σῶμα κἀποσείσασθαι τὸ γῆρας τόδε. 670
Χορὸς Γερόντων
εἰ γὰρ ἐνδώσει τις ἡμῶν ταῖσδε κἂν σμικρὰν λαβήν,

οὐδὲν ἐλλείψουσιν αὗται λιπαροῦς χειρουργίας,
ἀλλὰ καὶ ναῦς τεκτανοῦνται, κἀπιχειρήσουσ' ἔτι
ναυμαχεῖν καὶ πλεῖν ἐφ' ἡμᾶς ὥσπε, Ἀρτεμισία. 675
ἢν δ' ἐφ' ἱππικὴν τράπωνται, διαγράφω τοὺς ἱππέας.
ἱππικώτατον γάρ ἐστι χρῆμα κἄποχον γυνή,
κοὐκ ἂν ἀπολίσθοι τρέχοντος· τὰς δ' Ἀμαζόνας σκόπει,
ἃς Μίκων ἔγραψ' ἐθ' ἵππων μαχομένας τοῖς ἀνδράσιν.
ἀλλὰ τούτων χρῆν ἁπασῶν ἐς τετρημένον ξύλον 680
ἐγκαθαρμόσαι λαβόντας τουτονὶ τὸν αὐχένα.
Χορὸς Γυναικῶν
εἰ νὴ τὼ θεώ με ζωπυρήσεις,
λύσω τὴν ἐμαυτῆς ὗν ἐγὼ δή, καὶ ποιήσω
τήμερον τοὺς δημότας βωστρεῖν σ' ἐγὼ πεκτούμενον. 685
ἀλλὰ χἠμεῖς ὦ γυναῖκες θᾶττον ἐκδυώμεθα,
ὡς ἂν ὄζωμεν γυναικῶν αὐτοδὰξ ὠργισμένων.
νῦν πρὸς ἔμ' ἴτω τις, ἵνα μή ποτε φάγῃ σκόροδα, μηδὲ
κυάμους μέλανας. 690
ὡς εἰ καὶ μόνον κακῶς ἐρεῖς, ὑπερχολῶ γάρ,
αἰετὸν τίκτοντα κάνθαρός σε μαιεύσομαι. 695
Χορὸς Γυναικῶν
οὐ γὰρ ὑμῶν φροντίσαιμ' ἄν, ἢν ἐμοὶ ζῇ Λαμπιτὼ
ἤ τε Θηβαία φίλη παῖς εὐγενὴς Ἰσμηνία.
οὐ γὰρ ἔσται δύναμις, οὐδ' ἢν ἑπτάκις σὺ ψηφίσῃ,
ὅστις ὦ δύστην' ἀπήχθου πᾶσι καὶ τοῖς γείτοσιν.
ὥστε κἀχθὲς θἠκάτῃ ποιοῦσα παιγνίαν ἐγὼ 700
τοῖσι παισὶ τὴν ἑταίραν ἐκάλεσ' ἐκ τῶν γειτόνων,
παῖδα χρηστὴν κἀγαπητὴν ἐκ Βοιωτῶν ἔγχελυν·
οἱ δὲ πέμψειν οὐκ ἔφασκον διὰ τὰ σὰ ψηφίσματα.
κοὐχὶ μὴ παύσησθε τῶν ψηφισμάτων τούτων, πρὶν ἂν
τοῦ σκέλους ὑμᾶς λαβών τις ἐκτραχηλίσῃ φέρων. 705
Χορὸς Γυναικῶν
ἄνασσα πράγους τοῦδε καὶ βουλεύματος,
τί μοι σκυθρωπὸς ἐξελήλυθας δόμων;

Λυσιστράτη
κακῶν γυναικῶν ἔργα καὶ θήλεια φρὴν
ποιεῖ μ' ἄθυμον περιπατεῖν τ' ἄνω κάτω.
Χορὸς Γυναικῶν
τί φῄς; τί φῄς; 710
Λυσιστράτη
ἀληθῆ, ἀληθῆ.
Χορὸς Γυναικῶν
τί δ' ἐστὶ δεινόν; φράζε ταῖς σαυτῆς φίλαις.
Λυσιστράτη
ἀλλ' αἰσχρὸν εἰπεῖν καὶ σιωπῆσαι βαρύ.
Χορὸς Γυναικῶν
μή νύν με κρύψῃς ὅ τι πεπόνθαμεν κακόν.
Λυσιστράτη
βινητιῶμεν, ᾗ βράχιστον τοῦ λόγου. 715
Χορὸς Γυναικῶν
ἰὼ Ζεῦ.
Λυσιστράτη
τί Ζῆν' ἀυτεῖς; ταῦτα δ' οὖν οὕτως ἔχει.
ἐγὼ μὲν οὖν αὐτὰς ἀποσχεῖν οὐκέτι
οἵα τ' ἀπὸ τῶν ἀνδρῶν· διαδιδράσκουσι γάρ.

τὴν μέν γε πρώτην διαλέγουσαν τὴν ὀπὴν 720
κατέλαβον ᾗ τοῦ Πανός ἐστι ταὐλίον,
τὴν δ' ἐκ τροχιλείας αὖ κατειλυσπωμένην,
τὴν δ' αὐτομολοῦσαν, τὴν δ' ἐπὶ στρούθου μίαν
ἤδη πέτεσθαι διανοουμένην κάτω
ἐς Ὀρσιλόχου χθὲς τῶν τριχῶν κατέσπασα. 725
πάσας τε προφάσεις ὥστ' ἀπελθεῖν οἴκαδε
ἕλκουσιν. ἤδη γοῦν τις αὐτῶν ἔρχεται.
αὕτη σὺ ποῖ θεῖς;
Γυνὴ Α.
οἴκαδ' ἐλθεῖν βούλομαι.
οἴκοι γάρ ἐστιν ἔριά μοι Μιλήσια

ὑπὸ τῶν σέων κατακοπτόμενα. 730
Λυσιστράτη
ποίων σέων;
οὐκ εἶ πάλιν;
Γυνὴ Α.
ἀλλ' ἥξω ταχέως νὴ τὼ θεὼ
ὅσον διαπετάσασ' ἐπὶ τῆς κλίνης μόνον.
Λυσιστράτη
μὴ διαπετάννυ, μηδ' ἀπέλθῃς μηδαμῇ.
Γυνὴ Α.
ἀλλ' ἐῶ 'πολέσθαι τἄρι';
Λυσιστράτη
ἢν τούτου δέῃ.
Γυνὴ Β.
τάλαιν' ἐγώ, τάλαινα τῆς Ἀμοργίδος, 735
ἢν ἄλοπον οἴκοι καταλέλοιφ'.
Λυσιστράτη
αὕθήτέρα
ἐπὶ τὴν Ἄμοργιν τὴν ἄλοπον ἐξέρχεται.
χώρει πάλιν δεῦρ'.
Γυνὴ Β.
ἀλλὰ νὴ τὴν Φωσφόρον
ἔγωγ' ἀποδείρασ' αὐτίκα μάλ' ἀνέρχομαι.
Λυσιστράτη
μή μἀποδείρῃς. ἢν γὰρ ἄρξῃς τοῦτο σύ, 740
ἑτέρα γυνὴ ταὐτὸν ποιεῖν βουλήσεται.
Γυνὴ Γ
ὦ πότνι' Εἰλείθυι' ἐπίσχες τοῦ τόκου,
ἕως ἂν εἰς ὅσιον μόλω 'γὼ χωρίον.
Λυσιστράτη
τί ταῦτα ληρεῖς;
Γυνὴ Γ
αὐτίκα μάλα τέξομαι.

Λυσιστράτη
ἀλλ' οὐκ ἐκύεις σύ γ' ἐχθές. 745
Γυνὴ Γ
ἀλλὰ τήμερον.
ἀλλ' οἴκαδέ μ' ὡς τὴν μαῖαν ὦ Λυσιστράτη
ἀπόπεμψον ὡς τάχιστα.
Λυσιστράτη
τίνα λόγον λέγεις;
τί τοῦτ' ἔχεις τὸ σκληρόν;
Γυνὴ Γ
ἄρρεν παιδίον.
Λυσιστράτη
μὰ τὴν Ἀφροδίτην οὐ σύ γ', ἀλλ' ἢ χαλκίον
ἔχειν τι φαίνει κοῖλον· εἴσομαι δ' ἐγώ. 750
ὦ καταγέλαστ' ἔχουσα τὴν ἱερὰν κυνῆν
κυεῖν ἔφασκες;
Γυνὴ Γ
καὶ κυῶ γε νὴ Δία.
Λυσιστράτη
τί δῆτα ταύτην εἶχες;
Γυνὴ Γ
ἵνα μ' εἰ καταλάβοι
ὁ τόκος ἔτ' ἐν πόλει, τέκοιμ' ἐς τὴν κυνῆν
ἐσβᾶσα ταύτην, ὥσπερ αἱ περιστεραί. 755
Λυσιστράτη
τί λέγεις; προφασίζει· περιφανῆ τὰ πράγματα.
οὐ τἀμφιδρόμια τῆς κυνῆς αὐτοῦ μενεῖς;
Γυνὴ Γ
ἀλλ' οὐ δύναμαι 'γωγ' οὐδὲ κοιμᾶσθ' ἐν πόλει,
ἐξ οὗ τὸν ὄφιν εἶδον τὸν οἰκουρόν ποτε.
Γυνὴ Δ
ἐγὼ δ' ὑπὸ τῶν γλαυκῶν γε τάλαιν' ἀπόλλυμαι 760
ταῖς ἀγρυπνίαισι κακκαβαζουσῶν ἀεί.

Λυσιστράτη
ὦ δαιμόνιαι παύσασθε τῶν τερατευμάτων.
ποθεῖτ' ἴσως τοὺς ἄνδρας· ἡμᾶς δ' οὐκ οἴει
ποθεῖν ἐκείνους; ἀργαλέας γ' εὖ οἶδ' ὅτι
ἄγουσι νύκτας. ἀλλ' ἀνάσχεσθ' ὦγαθαί, 765
καὶ προσταλαιπωρήσατ' ἔτ' ὀλίγον χρόνον,
ὡς χρησμὸς ἡμῖν ἐστιν ἐπικρατεῖν, ἐὰν
μὴ στασιάσωμεν· ἔστι δ' ὁ χρησμὸς οὑτοσί.
Γυνὴ Α
λέγ' αὐτὸν ἡμῖν ὅ τι λέγει.
Λυσιστράτη
σιγᾶτε δή.
ἀλλ' ὁπόταν πτήξωσι χελιδόνες εἰς ἕνα χῶρον, 770
τοὺς ἔποπας φεύγουσαι, ἀπόσχωνταί τε φαλήτων,
παῦλα κακῶν ἔσται, τὰ δ' ὑπέρτερα νέρτερα θήσει
Ζεὺς ὑψιβρεμέτης--
Γυνὴ Β
ἐπάνω κατακεισόμεθ' ἡμεῖς;
Λυσιστράτη
ἢν δὲ διαστῶσιν καὶ ἀναπτῶνται πτερύγεσσιν
ἐξ ἱεροῦ ναοῖο χελιδόνες, οὐκέτι δόξει 775
ὄρνεον οὐδ' ὁτιοῦν καταπυγωνέστερον εἶναι.
Γυνὴ Α
σαφής γ' ὁ χρησμὸς νὴ Δί'.
Λυσιστράτη
ὦ πάντες θεοί,
μὴ νυν ἀπείπωμεν ταλαιπωρούμεναι,
ἀλλ' εἰσίωμεν. καὶ γὰρ αἰσχρὸν τουτογὶ
ὦ φίλταται, τὸν χρησμὸν εἰ προδώσομεν. 780
Χορὸς Γερόντων
μῦθον βούλομαι λέξαι τιν' ὑμῖν, ὅν ποτ' ἤκουσ'
αὐτὸς ἔτι παῖς ὤν.
οὕτως ἦν νεανίσκος Μελανίων τις, 785
ὃς φεύγων γάμον ἀφίκετ' ἐς ἐρημίαν,

κἀν τοῖς ὄρεσιν ᾤκει·
κᾆτ' ἐλαγοθήρει
πλεξάμενος ἄρκυς, 790
καὶ κύνα τιν' εἶχεν,
κοὐκέτι κατῆλθε πάλιν οἴκαδ' ὑπὸ μίσους.
οὕτω τὰς γυναῖκας ἐβδελύχθη
'κεῖνος, ἡμεῖς τ' οὐδὲν ἧττον 795
τοῦ Μελανίωνος οἱ σώφρονες.
Γέρων
βούλομαί σε γραῦ κύσαι--
Γυνή
κρόμμυόν τἄρ' οὐκ ἔδει.
Γέρων
κἀνατείνας λακτίσαι.
Γυνή
τὴν λόχμην πολλὴν φορεῖς. 800
Χορὸς Γερόντων
καὶ Μυρωνίδης γὰρ ἦν
τραχὺς ἐντεῦθεν μελάμπυγός
τε τοῖς ἐχθροῖς ἅπασιν,
ὥς δὲ καὶ Φορμίων.
Χορὸς Γυναικῶν
κἀγὼ βούλομαι μῦθόν τιν' ὑμῖν ἀντιλέξαι 805
τῷ Μελανίωνι.
Τίμων ἦν ἀίδρυτός τις ἀβάτοισιν
ἐν σκώλοισι τὸ πρόσωπον περιειργμένος, 810
Ἐρινύων ἀπορρώξ.
οὗτος οὖν ὁ Τίμων
*
ᾤχεθ' ὑπὸ μίσους
πολλὰ καταρασάμενος ἀνδράσι πονηροῖς. 815
οὕτω 'κεῖνος ὑμῶν ἀντεμίσει
τοὺς πονηροὺς ἄνδρας ἀεί,
ταῖσι δὲ γυναιξὶν ἦν φίλτατος. 820

Γυνή
τὴν γνάθον βούλει θένω;
Γέρων
μηδαμῶς· ἔδεισά γε.
Γυνή
ἀλλὰ κρούσω τῷ σκέλει;
Γέρων
τὸν σάκανδρον ἐκφανεῖς.
Χορὸς Γυναικῶν
ἀλλ' ὅμως ἂν οὐκ ἴδοις 825
καίπερ οὔσης γραὸς ὄντ' αὐτὸν
κομήτην, ἀλλ' ἀπεψιλωμένον
τῷ λύχνῳ.
Λυσιστράτη
ἰοὺ ἰοὺ γυναῖκες ἴτε δεῦρ' ὡς ἐμὲ
ταχέως. 830
Γυνή
τί δ' ἔστιν; εἰπέ μοι τίς ἡ βοή;
Λυσιστράτη
ἄνδρ' <ἄνδρ'> ὁρῶ προσιόντα παραπεπληγμένον,
τοῖς τῆς Ἀφροδίτης ὀργίοις εἰλημμένον.
ὦ πότνια Κύπρου καὶ Κυθήρων καὶ Πάφου
μεδέουσ', ἴθ' ὀρθὴν ἥνπερ ἔρχι τὴν ὁδόν.
Γυνή
ποῦ δ' ἐστὶν ὅστις ἐστί; 835
Λυσιστράτη
παρὰ τὸ τῆς Χλόης.
Γυνὴ
ὦ νὴ Δί' ἔστι δῆτα. τίς κἀστίν ποτε;
Λυσιστράτη
ὁρᾶτε· γιγνώσκει τις ὑμῶν;
Μυρρίνη
νὴ Δία
ἔγωγε· κἀστὶν οὑμὸς ἀνὴρ Κινησίας.

Λυσιστράτη
σὸν ἔργον ἤδη τοῦτον ὀπτᾶν καὶ στρέφειν
κάξηπεροπεύειν καὶ φιλεῖν καὶ μὴ φιλεῖν, 840
καὶ πάνθ' ὑπέχειν πλὴν ὧν σύνοιδεν ἡ κύλιξ.
Μυρρίνη
ἀμέλει ποιήσω ταῦτ' ἐγώ.
Λυσιστράτη
καὶ μὴν ἐγὼ
ξυνηπεροπεύσω <σοι> παραμένουσ' ἐνθαδί,
καὶ ξυσταθεύσω τοῦτον. ἀλλ' ἀπέλθετε.
Κινησίας
οἴμοι κακοδαίμων, οἷος ὁ σπασμός μ' ἔχει 845
χὠ τέτανος ὥσπερ ἐπὶ τροχοῦ στρεβλούμενον.
Λυσιστράτη
τίς οὗτος οὑντὸς τῶν φυλάκων ἑστώς;
Κινησίας
ἐγώ.
Λυσιστράτη
ἀνήρ;
Κινησίας
ἀνὴρ δῆτ'.
Λυσιστράτη
οὐκ ἄπει δῆτ' ἐκποδών;
Κινησίας
σὺ δ' εἶ τίς ἡκβάλλουσά μ';
Λυσιστράτη
ἡμεροσκόπος.
Κινησίας
πρὸς τῶν θεῶν νυν ἐκκάλεσόν μοι Μυρρίνην. 850
Λυσιστράτη
ἰδοὺ καλέσω 'γὼ Μυρρίνην σοι; σὺ δὲ τίς εἶ;
Κινησίας
ἀνὴρ ἐκείνης, Παιονίδης Κινησίας.

Λυσιστράτη
ὦ χαῖρε φίλτατ'· οὐ γὰρ ἀκλεὲς τοὔνομ
τὸ σὸν παρ' ἡμῖν ἐστιν οὐδ' ἀνώνυμον.
ἀεὶ γὰρ ἡ γυνή σ' ἔχει διὰ στόμα. 855
κἂν ᾠὸν ἢ μῆλον λάβῃ, "Κινησίᾳ
τουτὶ γένοιτο," φησίν.
Κινησίας
ὦ πρὸς τῶν θεῶν.
Λυσιστράτη
νὴ τὴν Ἀφροδίτην· κἂν περὶ ἀνδρῶν γ' ἐμπέσῃ
λόγος τις, εἴρηκ' εὐθέως ἡ σὴ γυνὴ
ὅτι λῆρός ἐστι τἄλλα πρὸς Κινησίαν. 860
Κινησίας
ἴθι νυν κάλεσον αὐτήν.
Λυσιστράτη
τί οὖν; δώσεις τί μοι;
Κινησίας
ἔγωγέ <σοι> νὴ τὸν Δί', ἢν βούλῃ γε σύ·
ἔχω δὲ τοῦθ'· ὅπερ οὖν ἔχω, δίδωμί σοι.
Λυσιστράτη
φέρε νυν καλέσω καταβᾶσά σοι.
Κινησίας
ταχύ νυν πάνυ.
ὡς οὐδεμίαν ἔχω γε τῷ βίῳ χάριν, 865
ἐξ οὗπερ αὕτη 'ξῆλθεν ἐκ τῆς οἰκίας·
ἀλλ' ἄχθομαι μὲν εἰσιών, ἔρημα δὲ
εἶναι δοκεῖ μοι πάντα, τοῖς δὲ σιτίοις
χάριν οὐδεμίαν οἶδ' ἐσθίων· ἔστυκα γάρ.
Μυρρίνη
φιλῶ φιλῶ 'γὼ τοῦτον· ἀλλ' οὐ βούλεται 870
ὑπ' ἐμοῦ φιλεῖσθαι. σὺ δ' ἐμὲ τούτῳ μὴ κάλει.
Κινησίας
ὦ γλυκύτατον Μυρρινίδιον τί ταῦτα δρᾷς;
κατάβηθι δεῦρο.

Μυρρίνη
μὰ Δί' ἐγὼ μὲν αὐτόσ' οὔ.
Κινησίας
ἐμοῦ καλοῦντος οὐ καταβήσει Μυρρίνη;
Μυρρίνη
οὐ γὰρ δεόμενος οὐδὲν ἐκκαλεῖς ἐμέ. 875
Κινησίας
ἐγὼ οὐ δεόμενος; ἐπιτετριμμένος μὲν οὖν.
Μυρρίνη
ἄπειμι.
Κινησίας
μὴ δῆτ', ἀλλὰ τῷ γοῦν παιδίῳ
ὑπάκουσον· οὗτος οὐ καλεῖς τὴν μαμμίαν;
Παῖς Κινησίου
μαμμία, μαμμία, μαμμία.
Κινησίας
αὕτη τί πάσχεις; οὐδ' ἐλεεῖς τὸ παιδίον 880
ἄλουτον ὂν κἄθηλον ἕκτην ἡμέραν;
Μυρρίνη
ἔγωγ' ἐλεῶ δῆτ'· ἀλλ' ἀμελὴς αὐτῷ πατὴρ
ἔστιν.
Κινησίας
κατάβηθ' ὦ δαιμονία τῷ παιδίῳ.
Μυρρίνη
οἷον τὸ τεκεῖν· καταβατέον. τί γὰρ πάθω;
Κινησίας
ἐμοὶ γὰρ αὕτη καὶ νεωτέρα δοκεῖ 885
πολλῷ γεγενῆσθαι κἀγανώτερον βλέπειν·
χἆ δυσκολαίνει πρὸς ἐμὲ καὶ βρενθύεται,
ταῦτ' αὐτὰ δή 'σθ' ἅ κἄμ' ἐπιτρίβει τῷ πόθῳ.
Μυρρίνη
ὦ γλυκύτατον σὺ τεκνίδιον κακοῦ πατρός,
φέρε σε φιλήσω γλυκύτατον τῇ μαμμίᾳ. 890

Κινησίας
τί ὦ πονήρα ταῦτα ποιεῖς χἁτέραις
πείθει γυναιξί, κἀμέ τ' ἄχθεσθαι ποιεῖς
αὐτή τε λυπεῖ;
Μυρρίνη
μὴ πρόσαγε τὴν χεῖρά μοι.
Κινησίας
τὰ δ' ἔνδον ὄντα τἀμὰ καὶ σὰ χρήματα
χεῖρον διατίθης. 895
Μυρρίνη
ὀλίγον αὐτῶν μοι μέλει.
Κινησίας
ὀλίγον μέλει σοι τῆς κρόκης φορουμένης
ὑπὸ τῶν ἀλεκτρυόνων;
Μυρρίνη
ἔμοιγε νὴ Δία.
Κινησίας
τὰ <δὲ> τῆς Ἀφροδίτης ἱέρ' ἀνοργίαστά σοι
χρόνον τοσοῦτόν ἐστιν. οὐ βαδιεῖ πάλιν;
Μυρρίνη
μὰ Δί' οὐκ ἔγωγ', ἢν μὴ διαλλαχθῆτέ γε 900
καὶ τοῦ πολέμου παύσησθε.
Κινησίας
τοιγάρ, ἢν δοκῇ,
ποιήσομεν καὶ ταῦτα.
Μυρρίνη
τοιγάρ, ἢν δοκῇ,
κἄγωγ' ἄπειμ' ἐκεῖσε· νῦν δ' ἀπομώμοκα.
Κινησίας
σὺ δ' ἀλλὰ κατακλίνηθι μετ' ἐμοῦ διὰ χρόνου.
Μυρρίνη
οὐ δῆτα· καίτοι σ' οὐκ ἐρῶ γ' ὡς οὐ φιλῶ. 905
Κινησίας
φιλεῖς; τί οὖν οὐ κατεκλίνης ὦ Μύρριον;

Μυρρίνη
ὦ καταγέλαστ' ἐναντίον τοῦ παιδίου;
Κινησίας
μὰ Δί' ἀλλὰ τοῦτό γ' οἴκαδ' ὦ Μανῆ φέρε.
ἰδοὺ τὸ μέν σοι παιδίον καὶ δὴ 'κποδών,
σὺ δ' οὐ κατακλίνει. 910
Μυρρίνη
ποῦ γὰρ ἄν τις καὶ τάλαν
δράσειε τοῦθ';
Κινησίας
ὅπου; τὸ τοῦ Πανὸς καλόν.
Μυρρίνη
καὶ πῶς ἔθ' ἁγνὴ δῆτ' ἂν ἔλθοιμ' ἐς πόλιν;
Κινησίας
κάλλιστα δήπου λουσαμένη τῇ Κλεψύδρᾳ.
Μυρρίνη
ἔπειτ' ὀμόσασα δῆτ' ἐπιορκήσω τάλαν;
Κινησίας
εἰς ἐμὲ τράποιτο· μηδὲν ὅρκου φροντίσῃς. 915
Μυρρίνη
φέρε νυν ἐνέγκω κλινίδιον νῷν.
Κινησίας
μηδαμῶς.
ἀρκεῖ χαμαὶ νῷν.
Μυρρίνη
μὰ τὸν Ἀπόλλω μή σ' ἐγὼ
καίπερ τοιοῦτον ὄντα κατακλινῶ χαμαί.
Κινησίας
ἤ τοι γυνὴ φιλεῖ με, δήλη 'στὶν καλῶς.
Μυρρίνη
ἰδοὺ κατάκεισ' ἀνύσας τι, κἀγὼ 'κδύομαι. 920
καίτοι, τὸ δεῖνα, ψίαθός ἐστ' ἐξοιστέα.
Κινησίας
ποία ψίαθος; μὴ μοί γε.

Μυρρίνη
νὴ τὴν Ἄρτεμιν,
αἰσχρὸν γὰρ ἐπὶ τόνου γε.
Κινησίας
δός μοί νυν κύσαι.
Μυρρίνη
ἰδού.
Κινησίας
παπαιάξ· ἧκέ νυν ταχέως πάνυ.
Μυρρίνη
ἰδοὺ ψίαθος· κατάκεισο, καὶ δὴ 'κδύομαι. 925
καίτοι, τὸ δεῖνα, προσκεφάλαιον οὐκ ἔχεις.
Κινησίας
ἀλλ' οὐδὲ δέομ' ἔγωγε.
Μυρρίνη
νὴ Δί' ἀλλ' ἐγώ.
Κινησίας
ἀλλ' ἦ τὸ πέος τόδ' Ἡρακλῆς ξενίζεται.
Μυρρίνη
ἀνίστασ', ἀναπήδησον. ἤδη πάντ' ἔχω.
Κινησίας
ἅπαντα δῆτα. δεῦρό νυν ὦ χρύσιον. 930
Μυρρίνη
τὸ στρόφιον ἤδη λύομαι. μέμνησό νυν·
μή μ' ἐξαπατήσῃς τὰ περὶ τῶν διαλλαγῶν.
Κινησίας
νὴ Δί' ἀπολοίμην ἆρα.
Μυρρίνη
σισύραν οὐκ ἔχεις.
Κινησίας
μὰ Δί' οὐδὲ δέομαί γ', ἀλλὰ βινεῖν βούλομαι.
Μυρρίνη
ἀμέλει ποιήσεις τοῦτο· ταχὺ γὰρ ἔρχομαι. 935

Κινησίας
ἄνθρωπος ἐπιτρίψει με διὰ τὰ στρώματα.
Μυρρίνη
ἔπαιρε σαυτόν.
Κινησίας
ἀλλ' ἐπῆρται τοῦτό γε.
Μυρρίνη
βούλει μυρίσω σε;
Κινησίας
μὰ τὸν Ἀπόλλω μὴ μέ γε.
Μυρρίνη
νὴ τὴν Ἀφροδίτην ἤν τε βούλῃ γ' ἤν τε μή.
Κινησίας
εἴθ' ἐκχυθείη τὸ μύρον ὦ Ζεῦ δέσποτα. 940
Μυρρίνη
πρότεινέ νυν τὴν χεῖρα κἀλείφου λαβών.
Κινησίας
οὐχ ἡδὺ τὸ μύρον μὰ τὸν Ἀπόλλω τουτογί,
εἰ μὴ διατριπτικόν γε κοὐκ ὄζον γάμων.
Μυρρίνη
τάλαιν' ἐγὼ τὸ 'Ρόδιον ἤνεγκον μύρον.
Κινησίας
ἀγαθόν· ἔα αὔτ' ὦ δαιμονία. 945
Μυρρίνη
ληρεῖς ἔχων.
Κινησίας
κάκιστ' ἀπόλοιθ' ὁ πρῶτος ἑψήσας μύρον.
Μυρρίνη
λαβὲ τόνδε τὸν ἀλάβαστον.
Κινησίας
ἀλλ' ἕτερον ἔχω.
ἀλλ' ᾠζυρὰ κατάκεισο καὶ μή μοι φέρε
μηδέν.

Μυρρίνη
ποιήσω ταῦτα νὴ τὴν Ἄρτεμιν.
ὑπολύομαι γοῦν. ἀλλ' ὅπως ὦ φίλτατε 950
σπονδὰς ποιεῖσθαι ψηφιεῖ.
Κινησίας
βουλεύσομαι.
ἀπολώλεκέν με κἀπιτέτριφεν ἡ γυνὴ
τά τ' ἄλλα πάντα κἀποδείρασ' οἴχεται.
Κινησίας
οἴμοι τί πάθω; τίνα βινήσω
τῆς καλλίστης πασῶν ψευσθείς; 955
πῶς ταυτηνὶ παιδοτροφήσω;
ποῦ Κυναλώπηξ;
μίσθωσόν μοι τὴν τίτθην.
Χορὸς Γερόντων
ἐν δεινῷ γ' ὦ δύστηνε κακῷ
τείρει ψυχὴν ἐξαπατηθείς. 960
κἄγωγ' οἰκτίρω σ' αἰαῖ.
ποῖος γὰρ ἂν ἢ νέφρος ἀντίσχοι,
ποία ψυχή, ποῖοι δ' ὄρχεις,
ποία δ' ὀσφῦς, ποῖος δ' ὄρρος
κατατεινόμενος 965
καὶ μὴ βινῶν τοὺς ὄρθρους;
Κινησίας
ὦ Ζεῦ δεινῶν ἀντισπασμῶν.
Χορὸς Γερόντων
ταυτὶ μέντοι νυνί σ' ἐποίησ'
ἡ παμβδελυρὰ καὶ παμμυσαρά.
Κινησίας
μὰ Δί' ἀλλὰ φίλη καὶ παγγλυκερά. 970
Χορὸς Γερόντων
ποία γλυκερά; μιαρὰ μιαρά.
Κινησίας
<μιαρὰ> δῆτ' ὦ Ζεῦ ὦ Ζεῦ·

εἴθ' αὐτὴν ὥσπερ τοὺς θωμοὺς
μεγάλῳ τυφῷ καὶ πρηστῆρι

ξυστρέψας καὶ ξυγγογγύλας 975
οἴχοιο φέρων, εἶτα μεθείης,
ἡ δὲ φέροιτ' αὖ πάλιν ἐς τὴν γῆν,
κᾆτ' ἐξαίφνης
περὶ τὴν ψωλὴν περιβαίη.
Κῆρυξ Λακεδαιμονίων
πᾷ τᾶν Ἀσανᾶν ἔστιν ἁ γερωχία 980
ἢ τοὶ πρυτάνιες; λῶ τι μυσίξαι νέον.
Κινησίας
σὺ δ' εἶ πότερον ἄνθρωπος ἢ κονίσαλος;
Κῆρυξ Λακεδαιμονίων
κᾶρυξ ἐγὼν ὦ κυρσάνιε ναὶ τὼ σιὼ
ἔμολον ἀπὸ Σπάρτας περὶ τᾶν διαλλαγᾶν.
Κινησίας
κἄπειτα δόρυ δῆθ' ὑπὸ μάλης ἥκεις ἔχων; 985
Κῆρυξ Λακεδαιμονίων
οὐ τὸν Δί' οὐκ ἐγών γα.
Κινησίας
ποῖ μεταστρέφει;
τί δὴ προβάλλει τὴν χλαμύδ'; ἢ βουβωνιᾷς
ὑπὸ τῆς ὁδοῦ;
Κῆρυξ Λακεδαιμονίων
παλαιόρ γα ναὶ τὸν Κάστορα
ὤνθρωπος.
Κινησίας
ἀλλ' ἔστυκας ὦ μιαρώτατε.
Κῆρυξ Λακεδαιμονίων
οὐ τὸν Δί' οὐκ ἐγών γα· μηδ' αὖ πλαδδίη. 990
Κινησίας
τί δ' ἐστί σοι τοδί;

Κῆρυξ Λακεδαιμονίων
σκυτάλα Λακωνικά.
Κινησίας
εἴπερ γε χαὔτη 'στὶ σκυτάλη Λακωνική.
ἀλλ' ὡς πρὸς εἰδότ' ἐμὲ σὺ τἀληθῆ λέγε.
τί τὰ πράγμαθ' ὑμῖν ἐστι τὰν Λακεδαίμονι;
Κῆρυξ Λακεδαιμονίων
ὀρσὰ Λακεδαίμων πᾶα καὶ τοὶ σύμμαχοι 995
ἅπαντες ἐστύκαντι· Πελλάνας δὲ δεῖ.
Κινησίας
ἀπὸ τοῦ δὲ τουτὶ τὸ κακὸν ὑμῖν ἐνέπεσεν;
ἀπὸ Πανός;
Κῆρυξ Λακεδαιμονίων
οὔκ, ἀλλ' ἆρχεν οἰῶ Λαμπιτώ,
ἔπειτα τἄλλαι ταὶ κατὰ Σπάρταν ἅμα
γυναῖκες περ ἀπὸ μιᾶς ὑσπλαγίδος 1000
ἀπήλααν τὼς ἄνδρας ἀπὸ τῶν ὑσσάκων.
Κινησίας
πῶς οὖν ἔχετε;
Κῆρυξ Λακεδαιμονίων
μογίομες. ἂν γὰρ τὰν πόλιν
περ λυχνοφορίοντες ἐπικεκύφαμες.
ταὶ γὰρ γυναῖκες οὐδὲ τῶ μύρτω σιγεῖν
ἐῶντι, πρίν γ' ἅπαντες ἐξ ἑνὸς λόγω 1005
σπονδὰς ποιησώμεσθα ποττὰν Ἑλλάδα.
Κινησίας
τουτὶ τὸ πρᾶγμα πανταχόθεν ξυνομώμοται
ὑπὸ τῶν γυναικῶν· ἄρτι νυνὶ μανθάνω.
ἀλλ' ὡς τάχιστα φράζε περὶ διαλλαγῶν
αὐτοκράτορας πρέσβεις ἀποπέμπειν ἐνθαδί. 1010
ἐγὼ δ' ἑτέρους ἐνθένδε τῇ βουλῇ φράσω
πρέσβεις ἑλέσθαι τὸ πέος ἐπιδείξας τοδί.
Κῆρυξ Λακεδαιμονίων
ποτάομαι· κράτιστα γὰρ παντᾷ λέγεις.

Χορὸς Γερόντων
οὐδέν ἐστι θηρίον γυναικὸς ἀμαχώτερον,
οὐδὲ πῦρ, οὐδ' ὧδ' ἀναιδὴς οὐδεμία πόρδαλις. 1015
Χορὸς Γυναικῶν
ταῦτα μέντοι <σὺ> ξυνιεὶς εἶτα πολεμεῖς ἐμοί,
ἐξὸν ὦ πόνηρε σοὶ βέβαιον ἔμ' ἔχειν φίλην;
Χορὸς Γερόντων
ὡς ἐγὼ μισῶν γυναῖκας οὐδέποτε παύσομαι.
Χορὸς Γυναικῶν
ἀλλ' ὅταν βούλῃ σύ· νῦν δ' οὖν οὔ σε περιόψομαι
γυμνὸν ὄνθ' οὕτως. ὁρῶ γὰρ ὡς καταγέλαστος εἶ. 1020
ἀλλὰ τὴν ἐξωμίδ' ἐνδύσω σε προσιοῦσ' ἐγώ.
Χορὸς Γερόντων
τοῦτο μὲν μὰ τὸν Δί' οὐ πονηρὸν ἐποιήσατε·
ἀλλ' ὑπ' ὀργῆς γὰρ πονηρᾶς καὶ τότ' ἀπέδυν ἐγώ.
Χορὸς Γυναικῶν
πρῶτα μὲν φαίνει γ' ἀνήρ, εἶτ' οὐ καταγέλαστος εἶ.
κεἴ με μὴ 'λύπεις, ἐγώ σου κἂν τόδε τὸ θηρίον 1025
τοὐπὶ τὠφθαλμῷ λαβοῦσ' ἐξεῖλον ἂν ὃ νῦν ἔνι.
Χορὸς Γερόντων
τοῦτ' ἄρ' ἦν με τοὐπιτρῖβον, δακτύλιος οὑτοσί·
ἐκσκάλευσον αὐτό, κᾆτα δεῖξον ἀφελοῦσά μοι·
ὡς τὸν ὀφθαλμόν γέ μου νὴ τὸν Δία πάλαι δάκνει.
Χορὸς Γυναικῶν
ἀλλὰ δράσω ταῦτα· καίτοι δύσκολος ἔφυς ἀνήρ. 1030
ἦ μέγ' ὦ Ζεῦ χρῆμ' ἰδεῖν τῆς ἐμπίδος ἔνεστί σοι.
οὐχ ὁρᾷς; οὐκ ἐμπίς ἐστιν ἥδε Τρικορυσία;
Χορὸς Γερόντων
νὴ Δί' ὤνησάς γέ μ', ὡς πάλαι γέ μ' ἐφρεωρύχει,
ὥστ' ἐπειδὴ 'ξῃρέθη, ῥεῖ μου τὸ δάκρυον πολύ.
Χορὸς Γυναικῶν
ἀλλ' ἀποψήσω σ' ἐγώ, καίτοι πάνυ πονηρὸς εἶ, 1035
καὶ φιλήσω.

Χορὸς Γερόντων
μὴ φιλήσῃς.
Χορὸς Γυναικῶν
ἤν τε
βούλῃ γ' ἤν τε μή.
Χορὸς Γερόντων
ἀλλὰ μὴ ὤρασ' ἵκοισθ'· ὡς ἐστὲ θωπικαὶ φύσει,
κἄστ' ἐκεῖνο τοὔπος ὀρθῶς κοὐ κακῶς εἰρημένον,
οὔτε σὺν πανωλέθροισιν οὔτ' ἄνευ πανωλέθρων.
ἀλλὰ νυνὶ σπένδομαί σοι, καὶ τὸ λοιπὸν οὐκέτι 1040
οὔτε δράσω φλαῦρον οὐδὲν οὔθ' ὑφ' ὑμῶν πείσομαι.
ἀλλὰ κοινῇ συσταλέντες τοῦ μέλους ἀρξώμεθα.
Χορός
οὐ παρασκευαζόμεσθα
τῶν πολιτῶν οὐδέν' ὦνδρες
φλαῦρον εἰπεῖν οὐδὲ ἕν. 1045
ἀλλὰ πολὺ τοὔμπαλιν πάντ' ἀγαθὰ καὶ λέγειν
καὶ δρᾶν· ἱκανὰ γὰρ τὰ κακὰ καὶ τὰ παρακείμενα.
ἀλλ' ἐπαγγελλέτω πᾶς ἀνὴρ καὶ γυνή,
εἴ τις ἀργυρίδιον δεῖται 1050
λαβεῖν μνᾶς ἢ δύ' ἢ τρεῖς,
ὡς πόλλ' ἔσω 'στὶν
κἄχομεν βαλλάντια.
κἄν ποτ' εἰρήνη φανῇ,
ὅστις ἂν νυνὶ δανείσηται 1055
παρ' ἡμῶν,
ἂν λάβῃ μηκέτ' ἀποδῷ.
Χορός
ἑστιᾶν δὲ μέλλομεν ξένους
τινὰς Καρυστίους, ἄν-
δρας καλούς τε κἀγαθούς. 1060
κἄστιν <ἔτ'> ἔτνος τι· καὶ δελφάκιον ἦν τί μοι,
καὶ τοῦτο τέθυχ', ὡς τὰ κρέ' ἔδεσθ' ἁπαλὰ καὶ καλά.
ἥκετ' οὖν εἰς ἐμοῦ τήμερον· πρῲ δὲ χρὴ

τοῦτο δρᾶν λελουμένους αὐ-
τούς τε καὶ τὰ παιδί', εἶτ' εἴσω βαδίζειν, 1065
μηδ' ἐρέσθαι μηδένα,
ἀλλὰ χωρεῖν ἄντικρυς
ὥσπερ οἴκαδ' εἰς ἑαυτῶν
γεννικῶς, ὡς 1070
ἡ θύρα κεκλήσεται.
Χορός
καὶ μὴν ἀπὸ τῆς Σπάρτης οἱδὶ πρέσβεις ἕλκοντες ὑπήνας
χωροῦσ', ὥσπερ χοιροκομεῖον περὶ τοῖς μηροῖσιν ἔχοντες.
ἄνδρες Λάκωνες πρῶτα μέν μοι χαίρετε,
εἶτ' εἴπαθ' ἡμῖν πῶς ἔχοντες ἥκετε. 1075
Λάκων
τί δεῖ ποθ' ὑμὲ πολλὰ μυσίδδειν ἔπη;
ὀρῆν γὰρ ἔξεσθ' ὡς ἔχοντες ἵκομες.
Χορός
βαβαί· νενεύρωται μὲν ἥδε συμφορὰ
δεινῶς, τεθερμῶσθαί γε χεῖρον φαίνεται.
Λάκων
ἄφατα. τί κα λέγοι τις; ἀλλ' ὄπᾳ σέλει 1080
παντᾷ τις ἐλσὼν ἀμὶν εἰράναν σέτω.
Χορός
καὶ μὴν ὁρῶ καὶ τούσδε τοὺς αὐτόχθονας
ὥσπερ παλαιστὰς ἄνδρας ἀπὸ τῶν γαστέρων
θαἰμάτι' ἀποστέλλοντας· ὥστε φαίνεται
ἀσκητικὸν τὸ χρῆμα τοῦ νοσήματος. 1085
Αθηναῖος
τίς ἂν φράσεις ποῦ' στιν ἡ Λυσιστράτη;
ὡς ἄνδρες ἡμεῖς οὑτοιὶ τοιουτοιί.
Χορός
χαὕτη ξυνᾴδει χἠτέρα ταύτῃ νόσῳ.
ἦ που πρὸς ὄρθρον σπασμὸς ὑμᾶς λαμβάνει;

Αθηναίος
μὰ Δί' ἀλλὰ ταυτὶ δρῶντες ἐπιτετρίμμεθα. 1090
ὥστ' εἴ τις ἡμᾶς μὴ διαλλάξει ταχύ,
οὐκ ἔσθ' ὅπως οὐ Κλεισθένη βινήσομεν.
Χορός
εἰ σωφρονεῖτε, θαἰμάτια λήψεσθ', ὅπως
τῶν Ἑρμοκοπιδῶν μή τις ὑμᾶς ὄψεται.
Αθηναίος
νὴ τὸν Δί' εὖ μέντοι λέγεις. 1095
Λάκων
ναὶ τὼ σιὼ
παντᾷ γα. φέρε τὸ ἔσθος ἀμβαλώμεθα.
Αθηναίος
ὢ χαίρετ' ὦ Λάκωνες· αἰσχρά γ' ἐπάθομεν.
Λάκων
ὦ Πολυχαρείδα δεινά κ' αὖ 'πεπόνθεμες,
αἰ εἶδον ἀμὲ τὤνδρες ἀμπεφλασμένως.
Αθηναίος
ἄγε δὴ Λάκωνες αὔθ' ἕκαστα χρὴ λέγειν. 1100
ἐπὶ τί πάρεστε δεῦρο;
Λάκων
περὶ διαλλαγᾶν
πρέσβεις.
Αθηναίος
καλῶς δὴ λέγετε· χἠμεῖς τουτογί.
τί οὐ καλοῦμεν δῆτα τὴν Λυσιστράην,
ἥπερ διαλλάξειεν ἡμᾶς ἂν μόνη;
Λάκων
ναὶ τὼ σιὼ κἂν λῆτε τὸν Λυσίστρατον. 1105
Αθηναίος
ἀλλ' οὐδὲν ἡμᾶς, ὡς ἔοικε, δεῖ καλεῖν·
αὐτὴ γάρ, ὡς ἤκουσεν, ᾗδ' ἐξέρχεται.
Χορός
χαῖρ' ὦ πασῶν ἀνδρειοτάτη· δεῖ δὴ νυνί σε γενέσθαι

δεινὴν <δειλὴν> ἀγαθὴν φαύλην σεμνὴν ἀγανὴν πολύπειρον·
ὡς οἱ πρῶτοι τῶν Ἑλλήνων τῇ σῇ ληφθέντες ἴυγγι 1110
συνεχώρησάν σοι καὶ κοινῇ τἀγκλήματα πάντ' ἐπέτρεψαν.
Λυσιστράτη
ἀλλ' οὐχὶ χαλεπὸν τοὔργον, εἰ λάβοι γέ τις
ὀργῶντας ἀλλήλων τε μὴ 'κπειρωμένους.
τάχα δ' εἴσομαι 'γώ. ποῦ 'στιν ἡ Διαλλαγή;
πρόσαγε λαβοῦσα πρῶτα τοὺς Λακωνικούς, 1115
καὶ μὴ χαλεπῇ τῇ χειρὶ μηδ' αὐθαδικῇ,
μηδ' ὥσπερ ἡμῶν ἄνδρες ἀμαθῶς τοῦτ' ἔδρων,
ἀλλ' ὡς γυναῖκας εἰκός, οἰκείως πάνυ,
ἢν μὴ διδῷ τὴν χεῖρα, τῆς σάθης ἄγε.
ἴθι καὶ σὺ τούτους τοὺς Ἀθηναίους ἄγε, 1120
οὗ δ' ἂν διδῶσι πρόσαγε τούτους λαβομένη.
ἄνδρες Λάκωνες στῆτε παρ' ἐμὲ πλησίον,
ἐνθένδε δ' ὑμεῖς, καὶ λόγων ἀκούσατε.
ἐγὼ γυνὴ μέν εἰμι, νοῦς δ' ἔνεστί μοι,
αὐτὴ δ' ἐμαυτῆς οὐ κακῶς γνώμης ἔχω, 1125
τοὺς δ' ἐκ πατρός τε καὶ γεραιτέρων λόγους
πολλοὺς ἀκούσασ' οὐ μεμούσωμαι κακῶς.
λαβοῦσα δ' ὑμᾶς λοιδορῆσαι βούλομαι
κοινῇ δικαίως, οἳ μιᾶς ἐκ χέρνιβος
βωμοὺς περιρραίνοντες ὥσπερ ξυγγενεῖς 1130
Ὀλυμπίασιν, ἐν Πύλαις, Πυθοῖ (πόσους
εἴποιμ' ἂν ἄλλους, εἴ με μηκύνειν δέοι;)
ἐχθρῶν παρόντων βαρβάρων στρατεύματι
Ἕλληνας ἄνδρας καὶ πόλεις ἀπόλλυτε.
εἷς μὲν λόγος μοι δεῦρ' ἀεὶ περαίνεται. 1135
Ἀθηναῖος
ἐγὼ δ' ἀπόλλυμαί γ' ἀπεψωλημένος.
Λυσιστράτη
εἶτ' ὦ Λάκωνες, πρὸς γὰρ ὑμᾶς τρέψομαι,
οὐκ ἴσθ' ὅτ' ἐλθὼν δεῦρο Περικλείδας ποτὲ
ὁ Λάκων Ἀθηναίων ἱκέτης καθέζετο

ἐπὶ τοῖσι βωμοῖς ὠχρὸς ἐν φοινικίδι 1140
στρατιὰν προσαιτῶν; ἡ δὲ Μεσσήνη τότε
ὑμῖν ἐπέκειτο χὠ θεὸς σείων ἅμα.
ἐλθὼν δὲ σὺν ὁπλίταισι τετρακισχιλίοις
Κίμων ὅλην ἔσωσε τὴν Λακεδαίμονα.
ταυτὶ παθόντες τῶν Ἀθηναίων ὕπο 1145
δῃοῦτε χώραν, ἧς ὑπ' εὖ πεπόνθατε;
Ἀθηναῖος
ἀδικοῦσιν οὗτοι νὴ Δί' ὦ Λυσιστράτη.
Λάκων
ἀδικίομες· ἀλλ' ὁ πρωκτὸς ἄφατον ὡς καλός.
Λυσιστράτη
ὑμᾶς δ' ἀφήσειν τοὺς Ἀθηναίους <μ'> οἴει;
οὐκ ἴσθ' ὅθ' ὑμᾶς οἱ Λάκωνες αὖθις αὖ 1150
κατωνάκας φοροῦντας ἐλθόντες δορὶ
πολλοὺς μὲν ἄνδρας Θετταλῶν ἀπώλεσαν,
πολλοὺς δ' ἑταίρους Ἱππίου καὶ ξυμμάχους,
ξυνεκμαχοῦντες τῇ τόθ' ἡμέρᾳ μόνοι,
κἠλευθέρωσαν κἀντὶ τῆς κατωνάκης 1155
τὸν δῆμον ὑμῶν χλαῖναν ἠμπέσχον πάλιν;
Λάκων
οὔπα γυναῖκ' ὄπωπα χαϊωτεραν.
Ἀθηναῖος
ἐγὼ δὲ κύσθον γ' οὐδέπω καλλίονα.
Λυσιστράτη
τί δῆθ' ὑπηργμένων γε πολλῶν κἀγαθῶν
μάχεσθε κοὐ παύεσθε τῆς μοχθηρίας; 1160
τί δ' οὐ διηλλάγητε; φέρε τί τοὐμποδών;
Λάκων
ἀμές γε λῶμες, αἴ τις ἀμὶν τὤγκυκλον
λῇ τοῦτ' ἀποδόμεν.
Λυσιστράτη
ποῖον ὦ τᾶν;

Λάκων
τὰν Πύλον,
ἇσπερ πάλαι δεόμεθα καὶ βλιμάττομες.
Ἀθηναῖος
μὰ τὸν Ποσειδῶ τοῦτο μέν γ' οὐ δράσετε. 1165
Λυσιστράτη
ἄφετ' ὦγάθ' αὐτοῖς.
Ἀθηναῖος
κᾆτα τίνα κινήσομεν;
Λυσιστράτη
ἕτερόν γ' ἀπαιτεῖτ' ἀντὶ τούτου χωρίον.
Ἀθηναῖος
τὸ δεῖνα τοίνυν παράδοθ' ἡμῖν τουτονὶ
πρώτιστα τὸν Ἐχινοῦντα καὶ τὸν Μηλιᾶ
κόλπον τὸν ὄπισθεν καὶ τὰ Μεγαρικὰ σκέλη. 1170
Λάκων
οὐ τὼ σιὼ οὐχὶ πάντα γ' ὦ λισσάνιε.
Λυσιστράτη
ἐᾶτε, μηδὲν διαφέρου περὶ σκελοῖν.
Ἀθηναῖος
ἤδη γεωργεῖν γυμνὸς ἀποδὺς βούλομαι.
Λάκων
ἐγὼ δὲ κοπραγωγεῖν γα πρῶτα ναὶ τὼ σιώ.
Λυσιστράτη
ἐπὴν διαλλαγῆτε, ταῦτα δράσετε. 1175
ἀλλ' εἰ δοκεῖ δρᾶν ταῦτα, βουλεύσασθε καὶ
τοῖς ξυμμάχοις ἐλθόντες ἀνακοινώσατε.
Ἀθηναῖος
ποίοισιν ὦ τᾶν ξυμμάχοις; ἐστύκαμεν.
οὐ ταὐτὰ δόξει τοῖσι συμμάχοισι νῷν
βινεῖν ἅπασιν; 1180
Λάκων
τοῖσι γῶν ναὶ τὼ σιὼ
ἀμοῖσι.

Αθηναίος
καὶ γὰρ ναὶ μὰ Δία Καρυστίοις.
Λυσιστράτη
καλῶς λέγετε. νῦν οὖν ὅπως ἀγνεύσετε,
ὅπως ἂν αἱ γυναῖκες ὑμᾶς ἐν πόλει
ξενίσωμεν ὧν ἐν ταῖσι κίσταις εἴχομεν.
ὅρκους δ' ἐκεῖ καὶ πίστιν ἀλλήλοις δότε. 1185
κἄπειτα τὴν αὐτοῦ γυναῖχ' ὑμῶν λαβὼν
ἄπεισ' ἕκαστος.
Αθηναίος
ἀλλ' ἴωμεν ὡς τάχος.
Λάκων
ἄγ' ὅπᾳ τυ λῇς.
Αθηναίος
νὴ τὸν Δί' ὡς τάχιστ' ἄγε.
Χορός
στρωμάτων δὲ ποικίλων καὶ
χλανιδίων καὶ ξυστίδων καὶ 1190
χρυσίων, ὅσ' ἐστί μοι,
οὐ φθόνος ἔνεστί μοι πᾶσι παρέχειν φέρειν
τοῖς παισίν, ὁπόταν τε θυγάτηρ τινὶ κανηφορῇ.
πᾶσιν ὑμῖν λέγω λαμβάνειν τῶν ἐμῶν
χρημάτων νῦν ἔνδοθεν, καὶ 1195
μηδὲν οὕτως εὖ σεσημάν-
θαι τὸ μὴ οὐχὶ
τοὺς ῥύπους ἀνασπάσαι,
χἄττ' <ἂν> ἔνδον ᾖ φορεῖν.
ὄψεται δ' οὐδὲν σκοπῶν, εἰ 1200
μή τις ὑμῶν
ὀξύτερον ἐμοῦ βλέπει.
Χορός
εἰ δέ τῳ μὴ σῖτος ὑμῶν
ἔστι, βόσκει δ' οἰκέτας καὶ
σμικρὰ πολλὰ παιδία, 1205

ἔστι παρ' ἐμοῦ λαβεῖν πυρίδια λεπτὰ μέν,
ὁ δ' ἄρτος ἀπὸ χοίνικος ἰδεῖν μάλα νεανίας.
ὅστις οὖν βούλεται τῶν πενήτων ἴτω
εἰς ἐμοῦ σάκκους ἔχων καὶ
κωρύκους, ὡς λήψεται πυ- 1210
ρούς· ὁ Μανῆς δ'
οὑμὸς αὐτοῖς ἐμβαλεῖ.
πρός γε μέντοι τὴν θύραν
προαγορεύω μὴ βαδίζειν
τὴν ἐμήν, ἀλλ'
εὐλαβεῖσθαι τὴν κύνα. 1215
Αθηναίος Α.
ἄνοιγε τὴν θύραν· παραχωρεῖν οὐ θέλεις;
ὑμεῖς τί κάθησθε; μῶν ἐγὼ τῇ λαμπάδι
ὑμᾶς κατακαύσω; φορτικὸν τὸ χωρίον.
οὐκ ἂν ποιήσαιμ'. εἰ δὲ πάνυ δεῖ τοῦτο δρᾶν,
ὑμῖν χαρίσασθαι, προσταλαιπωρήσομεν. 1220
Αθηναίος Β
χἠμεῖς γε μετὰ σοῦ ξυνταλαιπωρήσομεν.
Αθηναίος Α.
οὐκ ἄπιτε; κωκύσεσθε τὰς τρίχας μακρά.
οὐκ ἄπιθ', ὅπως ἂν οἱ Λάκωνες ἔνδοθεν
καθ' ἡσυχίαν ἀπίωσιν εὐωχημένοι;
Αθηναίος Β.
οὔπω τοιοῦτον συμπόσιον ὄπωπ' ἐγώ. 1225
ἦ καὶ χαρίεντες ἦσαν οἱ Λακωνικοί·
ἡμεῖς δ' ἐν οἴνῳ συμπόται σοφώτατοι.
Αθηναίος Α.
ὀρθῶς γ', ὁτιὴ νήφοντες οὐχ ὑγιαίνομεν·
ἢν τοὺς Ἀθηναίους ἐγὼ πείσω λέγων,
μεθύοντες ἀεὶ πανταχοῖ πρεσβεύσομεν. 1230
νῦν μὲν γὰρ ὅταν ἔλθωμεν ἐς Λακεδαίμονα
νήφοντες, εὐθὺς βλέπομεν ὅ τι ταράξομεν·
ὥσθ' ὅ τι μὲν ἂν λέγωσιν οὐκ ἀκούομεν,

ἃ δ' οὐ λέγουσι, ταῦθ' ὑπονενοήκαμεν,
ἀγγέλλομεν δ' οὐ ταὐτὰ τῶν αὐτῶν πέρι. 1235
νυνὶ δ' ἅπαντ' ἤρεσκεν· ὥστ' εἰ μέν γέ τις
ᾄδοι Τελαμῶνος, Κλειταγόρας ᾄδειν δέον,
ἐπῃνέσαμεν ἂν καὶ προσεπιωρκήσαμεν.
ἀλλ' οὑτοιὶ γὰρ αὖθις ἔρχονται πάλιν
ἐς ταύτόν. οὐκ ἐρρήσετ' ὦ μαστιγίαι; 1240
Αθηναίος Β.
νὴ τὸν Δί' ὡς ἤδη γε χωροῦσ' ἔνδοθεν.
Λάκων
ὦ Πολυχαρείδα λαβὲ τὰ φυσατήρια,
ἵν' ἐγὼ διποδιάξω τε κάεἴσω καλὸν
ἐς τὼς Ἀσαναίως τε καὶ ἐς ἡμᾶς ἄμα.
Αθηναίος
λαβὲ δῆτα τὰς φυσαλλίδας πρὸς τῶν θεῶν, 1245
ὡς ἥδομαί γ' ὑμᾶς ὀρῶν ὀρχουμένους.
Χορὸς Λακεδαιμονίων
ὄρμαον
τὼς κυρσανίως ὦ Μναμοῦνα
τάν τ' ἐμὰν Μῶαν, ἅτις
οἶδεν ἀμὲ τώς τ' Ἀσαναίως, 1250
ὅκα τοὶ μὲν ἐπ' Ἀρταμιτίῳ
πρώκροον σιοείκελοι
ποττὰ κᾶλα τὼς Μήδως τ' ἐνίκων,
ἀμὲ δ' αὖ Λεωνίδας
ἆγεν περ τὼς κάπρως 1255
θάγοντας οἰῶ τὸν ὀδόντα·
πολὺς δ' ἀμφὶ τὰς γένυας ἀφρὸς ἤνσει,
πολὺς δ' ἀμᾷ καττῶν σκελῶν ἀφρὸς ἴετο.
ἦν γὰρ τὤνδρες οὐκ ἐλάσσως 1260
τᾶς ψάμμας τοὶ Πέρσαι.
ἀγροτέρα σηροκτόνε
μόλε δεῦρο παρσένε σιὰ
ποττὰς σπονδάς,

ὡς συνέχης πολὺν ἀμὲ χρόνον. 1265
νῦν δ' αὖ φιλία τ' αἰὲς εὔπορος εἴη
ταῖς συνθήκαις,
καὶ τᾶν αἱμυλᾶν ἀλωπέκων παυσαίμεθα.
ὢ δεῦρ' ἴθι δεῦρ' ὢ
κυναγὲ παρσένε. 1270
Ἀθηναῖος
ἄγε νυν ἐπειδὴ τἄλλα πεποίηται καλῶς,
ἀπάγεσθε ταύτας ὦ Λάκωνες, τάσδε τε
ὑμεῖς· ἀνὴρ δὲ παρὰ γυναῖκα καὶ γυνὴ 1275
στήτω παρ' ἄνδρα, κᾆτ' ἐπ' ἀγαθαῖς συμφοραῖς
ὀρχησάμενοι θεοῖσιν εὐλαβώμεθα
τὸ λοιπὸν αὖθις μὴ 'ξαμαρτάνειν ἔτι.
Χορὸς Ἀθηναίων
πρόσαγε χορόν, ἔπαγε <δὲ> Χάριτας,
ἐπὶ δὲ κάλεσον Ἄρτεμιν, 1280
ἐπὶ δὲ δίδυμον ἀγέχορον
Ἰήιον
εὔφρον', ἐπὶ δὲ Νύσιον,
ὃς μετὰ μαινάσι Βάκχιος ὄμμασι δαίεται,
Δία τε πυρὶ φλεγόμενον, ἐπί τε 1285
πότνιαν ἄλοχον ὀλβίαν·
εἶτα δὲ δαίμονας, οἷς ἐπιμάρτυσι
χρησόμεθ' οὐκ ἐπιλήσμοσιν
Ἡσυχίας πέρι τῆς ἀγανόφρονος,
ἣν ἐποίησε θεὰ Κύπρις. 1290
ἀλαλαὶ ἰὴ παιήων·
αἴρεσθ' ἄνω ἰαί,
ὡς ἐπὶ νίκῃ ἰαί.
εὐοῖ εὐοῖ, εὐαί εὐαί.
Ἀθηναῖος
πρόφαινε δὴ σὺ Μοῦσαν ἐπὶ νέᾳ νέαν. 1295
Χορὸς Λακεδαιμονίων
Ταΰγετον αὖτ' ἐραννὸν ἐκλιπῶα

Μῶα μόλε Λάκαινα πρεπτὸν ἀμὶν
κλέωα τὸν Ἀμύκλαις σιὸν
καὶ χαλκίοικον Ἀσάναν, 1300
Τυνδαρίδας τ' ἀγασώς,
τοὶ δὴ πὰρ Εὐρώταν ψιάδδοντι.
εἶα μάλ' ἔμβη
ὦ εἶα κοῦφα πάλλων,
ὡς Σπάρταν ὑμνίωμες, 1305
τᾷ σιῶν χοροὶ μέλοντι
καὶ ποδῶν κτύπος,
 τε πῶλοι ταὶ κόραι
πὰρ τὸν Εὐρωταν
ἀμπάλλοντι πυκνὰ ποδοῖν 1310
ἀγκονίωαι,
ταὶ δὲ κόμαι σείονθ' περ Βακχᾶν
θυρσαδδωᾶν καὶ παιδδωᾶν.
ἀγεῖται δ' ἀ Λήδας παῖς
ἀγνὰ χοραγὸς εὐπρεπής. 1315
ἀλλ' ἄγε κόμαν παραμπύκιδδε χερί, ποδοῖν τε πάδη
 τις ἔλαφος· κρότον δ' ἀμᾷ ποίει χορωφελήταν.
καὶ τὰν σιὰν δ' αὖ τὰν κρατίσταν Χαλκίοικον ὕμνει τὰν
πάμμαχον. 1320

Also Available from JiaHu Books

Ἰλιάς - The Iliad (Ancient Greek) - 9781909669222

Οδύσσεια - The Odyssey (Ancient Greek) - 9781909669260

Ἀνάβασις - Anabasis (Ancient Greek) 9781909669321

Μήδεια – Βάκχαι Medea and Bacchae (Ancient Greek) - 9781909669765

Metamorphoses – Ovid (Latin) 9781909669352

Satyricon (Latin) - 9781909669789

Metamorphoses – Asinus Aureus (Latin) - 9781909669802

Egils Saga (Old Norse) – 9781909669093

Egils Saga (Icelandic) - 9781909669857

Brennu-Njáls saga (Icelandic) – 9781909669925

Laxdæla Saga (Icelandic) - 9781909669871

अभीज्ञानशाकु न्ताकम्- Recognition of Sakuntala (Sanskrit) - 978909669192

www.ingramcontent.com/pod-product-compliance
Lightning Source LLC
Chambersburg PA
CBHW031400040426
42444CB00005B/363